결혼을 지켜야 하는
11가지 이유

결혼을 지켜야 하는
11가지 이유

김양재 지음

목차

이 책을 퍼내며

이혼을 위한 예배? ·· 06

Part 1   결혼을 지켜야 하는 첫 번째 이유

하나님의 명령이기 때문에 ··· 12
마태복음 19:1~9

Part 2   결혼을 지켜야 하는 두 번째 이유

결혼의 목적은 행복이 아니라 거룩이기 때문에 ············· 38
에베소서 5:22~33

Part 3   결혼을 지켜야 하는 세 번째 이유

가족의 구원을 위해 ··· 60
마태복음 13:24~30

Part 4   결혼을 지켜야 하는 네 번째 이유

자녀를 믿음의 후사로 키우기 위해 ···························· 80
창세기 4:16~26

Part 5   결혼을 지켜야 하는 다섯 번째 이유

가계에 흐르는 죄와 상처를 끊기 위해 ························ 100
사무엘하 21:1~14

Part 6   결혼을 지켜야 하는 여섯 번째 이유

응답 받는 인생을 살기 위해 ………………………… 122
여호수아 10:3~14

Part 7   결혼을 지켜야 하는 일곱 번째 이유

고난을 축복으로 바꾸기 위해 ……………………… 146
창세기 18:10~15, 21:1~6

Part 8   결혼을 지켜야 하는 여덟 번째 이유

별 인생이 없기에 ……………………………………… 164
느헤미야 3:13~15

Part 9   결혼을 지켜야 하는 아홉 번째 이유

나는 함부로 살아서는 안 되는 존재이기에 ………… 182
고린도전서 9:1~27

Part 10   결혼을 지켜야 하는 열 번째 이유

위로와 회복의 사명을 감당하기 위해 ……………… 202
고린도후서 1:3~10

Part 11   결혼을 지켜야 하는 열한 번째 이유

영원한 상급, 영원한 복을 얻기 위해 ……………… 220
여호수아 19:10~51

이 책을 펴내며

이혼을 위한 예배?

"목사님! 남편이 드디어 이번 주일에 교회에 오기로 했어요! 딱 네 번만 와 준다고 하는데 네 번 와서 예배를 드린다고 달라질까요? 목사님, 제발 남편에게 말씀이 꽂히도록 설교해 주세요. 아주 쎄~게 설교해 주세요!"

기쁨과 두려움, 간절함이 가득한 목소리에 제 마음도 절박해집니다. 다른 여자가 생겼다며 막무가내로 이혼을 요구하던 박 집사의 남편이 교회에 온다는 연락입니다. 그 남편이 마음을 돌이켜서 교회에 오기로 한 것은 아닙니다. 박 집사가 "네 번만 와서 예배를 드리면 이혼해 주겠다"고 하니까 이혼하기 위해 우리들교회에 오겠다는 것입니다.

우리들교회 예배의 중요한 특징(?) 중 하나가 이것입니다.

이혼을 약속하고 드리는 예배, 이혼을 하고 싶어서 드리는 예배.

그렇다면 정말 네 번의 예배를 드린 후 원하던 이혼을 할 수 있겠습니까? 예수님의 '예' 자도 모르고, 복음이 뭔지도 모르던 사람이 네 번 예배를 드린다고 깨달아지겠습니까? 음란과 중독에 젖어서 가족도 저버린 사람이 네 번 예배를 드린다고 달라지겠습니까?

얼굴도 마주하기 싫은 지긋지긋한 배우자가 네 번 예배를 드린다고 예뻐 보이겠습니까? 거짓과 상처로 갈기갈기 찢긴 부부의 마음이 네 번의 예배로 회복되겠습니까?

대답이 궁금하다면 와서 예배에 참여해 보십시오. 하나님을 찬양하고, 하나님의 말씀을 듣고, 그 말씀에 응답하여 회개하고 기도를 드리는 예배 가운데 모든 대답이 들어있습니다.

평신도 시절부터 수십 년 사역을 하는 동안 제가 목숨 걸고(?) 외친 것이 있다면 '이혼 불가, 불신 결혼 반대'입니다. 하나님은 외도와 경제 문제 등으로 이혼을 결심했던 사람들이 하나님의 말씀으로 변화되고 다시 하나 되는 모습을 수도 없이 제게 보여 주셨습니다. 그래서 저는 지금까지 그 무엇보다 가정을 회복시키는 일, 결혼을 지키는 일을 절체절명의 사명으로 알고 걸어왔습니다.

하지만 '이혼 불가'라는 것을 흑백논리로 보아서는 안 됩니다. 이혼을 안 해야 하나님의 뜻을 지키는 것이고, 이혼하면 죄인이라는 말이 아닙니다. 우리 인생의 목적, 결혼의 목적, 가정의 목적이 영혼 구원이기에 구원을 위해서 이혼을 할 수도 있고 안 할 수도 있습니다. 그럼에도 불구하고 이혼을 하지 않고 결혼을 지켜야 하는 이유를 이 책에 담아 보았습니다. '김양재' 개인의 주장이 아니라 하나님의 말씀인 성경에 기록된 것들입니다.

하나님께서 결혼을 어떻게 보시는지, 이혼을 안 함으

로써 어떤 복을 누릴 수 있는지 살아 있고 활력 있는 성경 말씀과 지체들의 간증을 통해 시원스러운 대답을 얻게 될 것입니다.

2009년 11월

우리들교회 담임목사 김양재

Part 1

결혼을 지켜야 하는 첫 번째 이유

_마태복음 19:1~9

하나님의
명령이기 때문에

혜영 자매는 처녀 때는 믿음이 없다가 결혼 후에 복음을 받아들이고 예수님을 영접했습니다. 예수님을 믿고 나니 산천초목이 모두 자신을 향해 웃어 주는 것 같고 무척 행복했다고 합니다. 그리고 그 행복을 맛보고 나니 하나님을 모르는 남편이 안타깝게 여겨졌습니다. "당신도 하나님을 만나야 해"라고 설득도 하고 협박도 하면서 날마다 눈물로 기도를 드렸습니다. 그러나 남편은 좀처럼 받아들이지 않았습니다. "너는 얼마든지 교회에 다녀도 좋은데 나한테는 강요하지 마. 제사 안 지내는 것도 좋고, 십일조도 네가 하고 싶은 대로 해. 그 대신 교회에 같이 가자고는 하지

마. 나를 전도하려고 하는 순간 너도 교회에 못 다닐 줄 알아!" 하고 못을 박았습니다.

차라리 핍박이라도 하면 나을 것 같았습니다. 교회에 못 가게 하는 것도 아니고, 헌금할 돈까지 따로 챙겨 주면서 복음은 들으려고도 하지 않는 남편이 답답했습니다. 하나님을 안 믿어도 매사에 잘해 주니 '그냥 이대로 살까' 하는 생각도 했습니다. 혼자 열심히 잘 믿으면 언젠가는 남편이 돌아올 거라는 기대도 했습니다. 하지만 '나는 지금 죽어도 천국에 갈 텐데 남편은 지옥에 가겠구나' 생각하면 마음이 조급해졌습니다. 부부가 함께 교회에 나와 예배드리는 모습을 보면 너무 아름다워 보여서 눈물이 나도록 부러웠습니다. 남편과 함께 목장예배도 드리고 싶고 성가대에도 서고 싶었습니다.

갈수록 완고해지는 남편 때문에 힘들어하던 자매는 성가대에서 만난 한 형제에게 남편 문제를 의논했습니다. 형제는 자매가 미처 헤아리지 못했던 남자의 입장을 세세하게 설명해 주었습니다. 남편을 위해 기도해 주겠다는 형제의 말에 든든한 응원군을 얻은 듯 힘이 났습니다. 그런데 시간이 지나면서 남편을 위한 중보자였던 형제의 자리가 남편을 대신하기 시작했습니다. 같이 예배드리고, 같은 말씀을 나누고, 같이 기도하는 누군가가 있다는 사실에 막혔던 숨통이 트이는 것 같았습니다. 믿음도 좋고, 성품도 나무랄 데 없는 형제를 바라보면서 자매의 마음에 의문이 생겼습니다.

'하나님이 나를 위해서 저 형제를 보내 주신 게 아닐까? 믿지 않는 자와 멍에를 함께 메지 말라고 하셨는데 남편과 헤어지고 저 형제와 함께 사는 게 하나님의 뜻이 아닐까? 저 형제와 함께라면 더 큰 주의 일을 할 수 있을 텐데…… 하나님의 일을 하라고 내게 형제를 보내 주신 게 아닐까?'

안 믿는 배우자 때문에 고민해 본 사람이라면 이런 생각을 할 법합니다. 여러분이라면 어떤 대답을 하겠습니까? 불신 결혼이 하나님의 뜻이 아니라면 안 믿는 배우자와는 헤어져야 하는 것입니까? 믿지 않는 자와 멍에를 함께 메지 말라는 말씀이 안 믿는 배우자를 떠나라는 뜻입니까?

'1+1=1'이 되는 공식

1 예수께서 이 말씀을 마치시고 갈릴리를 떠나 요단강 건너 유대 지경에 이르시니 2 큰 무리가 따르거늘 예수께서 거기서 그들의 병을 고치시더라 3 바리새인들이 예수께 나아와 그를 시험하여 이르되 사람이 어떤 이유가 있으면 그 아내를 버리는 것이 옳으니이까
_마 19:1~3

마태복음 18장에서 일곱 번을 일흔 번까지라도 용서하라고 가르치신 예수님은 유대 지경에 이르러 큰 무리의 병을 고쳐 주셨습니다. 십자가를 지고 죽기 위해 가시면서 일곱 번을 일흔 번까지 용서하는 사랑을 몸소 보여 주신 것입니다.

그런데 용서와 사랑의 본을 보이시는 예수님께 바리

새인들이 던지는 질문을 보십시오. 병든 이들을 살리시는 예수님께 바리새인들이 뜬금없이 나타나 "아내를 버려도 됩니까?" 하고 묻습니다. 병든 자는 고쳐 주심을 바라고 예수님을 좇지만, 지식과 기득권을 가진 바리새인들은 예수님을 시험하고 죽일 목적으로 찾아옵니다. 몰라서 묻는 게 아닙니다. 예수님의 대답에서 뭔가 꼬투리를 잡아 예수님을 잡아 죽이려는 것입니다.

"어떤 이유가 있으면"은 '모든 이유로, 모든 죄목으로'라는 뜻입니다. 그 당시는 어떤 이유로든 이혼할 수 있다는 힐렐파의 주장과 간음한 이유 외에는 이혼할 수 없다는 샴마이파의 주장이 첨예하게 대립하던 때였습니다. 만약 예수님이 '이혼이 가하다'고 하면 신학적·정치적 논쟁에 휘말리게 됩니다. 또 '이혼은 불가하다'고 하면 세리, 창녀들의 친구로 지내시던 예수님이 위선자로 몰릴 수 있습니다.

게다가 이 질문이 있기 얼마 전 세례 요한은 헤롯 안티파스가 본처를 버리고 동생의 아내(헤로디아)를 취한 문제를 지적했다가 참수당했습니다. 한 나라의 왕인 헤롯에게 옳은 말을 하고 잘못을 지적하는 것은 목숨을 건 용기가 필요했습니다. 이혼은 하나님의 뜻이 아니라고 해도 헤롯처럼 모든 것을 갖춘 사람이 이혼을 하겠다고 하면 직언을 하기가 어렵습니다. 돈과 지위를 가진 사람들이 이혼을 하기로 마음먹으면 얼마나 치밀하게 준비하는지 모릅니다. 위자료를 한 푼이라도 덜 주려고 최고의 변호사를 선임하고, 온갖 치사한 방법으로 배우자의 잘못을 끄집어냅니다.

안 믿는 사람들만 그러는 게 아닙니다. 바리새인처럼 성경 지식을 갖춘 사람들도 구구절절 성경 말씀을 갖다 대며 이혼을 합리화합니다. 자기의 목적을 이루기 위해 예수님을 함정에 빠뜨리려는 바리새인들처럼, 성경 말씀을 교묘하게 이용하면서 배신과 이혼의 함정을 만듭니다.

혜영 자매의 의문도 마찬가지입니다. 성경 구절을 들이대며 하나님의 뜻을 구하는 것 같지만 그 속에는 남편과 다른 형제를 비교하는 안목의 정욕이 숨어 있습니다. 자신을 몰라주는 남편 대신 마음이 통하는 형제와 함께하고 싶은 육신의 정욕이 숨어 있는 것입니다. 아무리 합리화하려고 해도 하나님은 속지 않으십니다. 하나님은 결혼에 대한 본래의 뜻을 갖고 계십니다. 어떤 이유와 변명으로도 하나님의 본래의 뜻을 거스를 수 없습니다.

> 4 예수께서 대답하여 이르시되 사람을 지으신 이가 본래 그들을 남자와 여자로 지으시고 5 말씀하시기를 그러므로 사람이 그 부모를 떠나서 아내에게 합하여 그 둘이 한 몸이 될지니라 하신 것을 읽지 못하였느냐
> _마 19:4~5

성경 박사인 바리새인들에게 예수님도 성경으로 대답하십니다. 성경을 가르치고 성경을 줄줄 꿴다고 하면서 어떻게 이혼이 가한지를 물을 수 있냐고, "읽지 못하였느냐?"고 힐문하십니다.

하나님께서 사람을 남자와 여자로 만드시고 그 둘이 부모를 떠나 한 몸이 되게 하셨습니다. 이것이 결혼에 대한 하나님의 본래 뜻입니다. 우리는 하나님의 창조 원리인 '본래'로 돌아가야 합니다. 남녀는 본래 동등한 관계입니

다. 여자는 종도 아니고 마음대로 버려도 되는 대상도 아닙니다. 남자도 마찬가지입니다. 무능하고 힘든 남편이라고 미워하고 떠날 수 없습니다.

여기서 "사람"과 "아내"라는 단어는 모두 단수입니다. 오직 한 남자와 한 여자, 일부일처제만이 하나님께서 허락하신 결혼 제도라는 것을 보여 줍니다. 한 남자와 한 여자가 만나 결혼을 통해 "한 몸이 될지니라"고 하신 것은 명령입니다. 해도 되고 안 해도 되는 것이 아니라 반드시 따라야 하는 하나님의 명령입니다. 부부가 정신적이고 육체적이고 영적인 결합을 통해 슬픔과 기쁨을 같이하는 전인격적인 공동체가 되라고 명령하신 것입니다.

둘이 한 몸이 되려면 먼저 부모를 떠나야 합니다. 정신적·사회적·경제적·신앙적으로 부모에게서 독립해야 합니다. 삶의 선배인 부모에게 지혜를 구할 수는 있지만, 먼저 자신이 하나님 앞에 홀로 설 수 있는 확고한 믿음의 가치관을 가져야 합니다. 그리고 실제적으로 떠나기 위해서 재정적으로도 독립해야 합니다. 부모에게 경제적으로 의

지하면 결코 독립할 수 없습니다. 돈이 있는 곳에 간섭이 있기 때문입니다.

부모 역시 자녀를 떠나보내야 합니다. 자녀가 결혼을 했는데도 사랑한다는 명목으로 품 안의 자식으로 끼고 살려고 해서는 안 됩니다. 건강한 가정은 부부가 먼저 한 몸이 되어 사랑하고, 그다음으로 자식 사랑, 부모 사랑, 형제 사랑으로 가는 것이 바른 순서입니다.

성경 본문을 원어로 보면 "떠나서"는 능동형이고, "합하여"는 신(神)적인 수동형 동사입니다. 아교풀로 딱 붙여진다는 강한 뜻을 가지고 있습니다. 그리고 "합하여"의 주체는 인간이 아닌 하나님입니다. 부모를 떠나는 것은 내 의지를 들여서 하는 것이지만 둘이 한 몸으로 합하는 것은 인간의 힘으로는 불가능합니다. 하나님께서 하셔야 합니다.

'1+1'이 '2'가 아니라 '1'이 되려면 어떤 공식이 필요할까요? 한쪽의 '1'이 '0'이 되는 것이 아니라 각각의 '1'이 '1/2'이 되어야 합니다. 둘이 하나 되기 위해서 나의 반을 버리는 것입니다. 나의 반을 버리고 배우자의 반을 채우는 것이 둘이 한 몸이 되는 공식입니다.

이것은 부부가 한 몸이 되기 위해 아내 혼자 희생해서 남편과 시댁 위주로 살아야 한다는 뜻이 아닙니다. 마찬가지로 남편만 무조건 양보해서 아내와 처가를 위해 헌신해야 하는 것도 아닙니다. 결혼은 새로운 세계의 창조입니다. 빨간색 남편과 파란색 부인이 만나 둘 중 한 색깔로 남는 것이 아니라 완전히 새로운 색깔로 창조되는 것이 하나님이 짝지어 주신 부부의 본질입니다. 부족한 둘이 만나서 하나님의 본래 뜻대로 건강한 한 몸이 되는 것입니다.

그 과정에서 당연히 아픔이 있을 수밖에 없습니다. 그러나 서로 맞춰 가는 과정이 힘들다고 해서 상대방을 완전히 버려서는 안 됩니다.

> 그런즉 이제 둘이 아니요 한 몸이니 그러므로 하나님이 짝지어 주신 것을 사람이 나누지 못할지니라 하시니 _마 19:6

"사람이 나누지 못할지니라." 하나님의 강력한 뜻이 여기에 있습니다.

나의 절반을 버리고 상대방의 절반으로 채우는 것이 아무리 힘들어도 하나님이 짝지어 주신 것은 사람이 나누지 못한다고 하십니다.

'짝짓다'는 '같은 목표를 보면서 함께 멍에를 메고 무거운 짐을 지고 간다'는 뜻입니다. 구약에서는 같은 종류의 짐승들에게만 같은 멍에를 메게 했습니다. "믿지 않는 자와 멍에를 함께 메지 말라"(고후 6:14)는 말씀은 여기에 근거합니다. 불신 결혼을 하지 말라는 하나님의 뜻을 나타냅니다. 서로 가치관이 다르고 삶의 목표가 다른 둘이 함께 멍에를 메는 것이 불가능하기 때문입니다.

초대교회의 성도들은 전도를 위해 불신 결혼을 하기도 했습니다. 당시에는 예수 그리스도를 전파하는 것이 목숨을 걸어야 하는 위험한 일이었습니다. 그래서 순교의 각오로 불신자와 결혼을 하고 배우자를 전도한 것입니다. 그러나 지금은 그런 시대가 아닙니다. 결혼이 아니어도 얼마든지 전도와 선교를 할 수 있습니다. 전도를 위해서 믿는 사람들이 한 몸이 되어 헌신해야 합니다. 배우자 한 사람을 전도하느라 시간을 낭비하기엔 추수할 열매가 너무 많고 일꾼은 적습니다.

'결혼한 후에 교회에 다니기로 약속했다', '안 믿는 시댁 식구들도 내가 전도하면 된다'고 장담해서는 안 됩니다. 그런 장담을 하고 결혼했다가 너무나 힘든 대가를 치르는 것을 수없이 보았고 지금도 보고 있습니다. 서로 다른 방향으로 가려는 소들이 멍에를 함께 메었다고 생각해 보십시오. 각각의 방향으로 힘을 주고 치달으니 얼마나 고통스럽고 아프겠습니까!

그렇다면 여기서 다시 맨 처음의 질문으로 되돌아가 봅시다. 이미 불신 결혼을 한 사람은 어쩌란 말입니까? 믿지 않는 배우자와의 멍에를 벗어 버리고 믿는 사람을 찾아 나서야 하는 걸까요?

불신 결혼이 전도로 이어지기가 어렵다고 했지만 불신 결혼을 통해 믿지 않았던 온 가족이 믿게 되기도 합니다. 가까운 예로 하나님을 안 믿던 한 친구가 믿는 남편을 만나서 결혼했습니다. 남편으로서는 불신 결혼을 한 것인데 결혼생활 30년이 넘도록 화목하게 잘 살고 있습니다. 남편의 극진한 사랑에 친구도 예수님을 믿게 되었고 자녀들도 믿음 안에서 잘 자라고 있습니다.

그러나 그렇게 되기까지 그 남편이 얼마나 수고했는지 모릅니다. 부모님을 모시고 살면서 오해가 생기면 언제나 부인 편을 들고, 부인의 말은 무조건 믿어 주었습니다. 자녀들에게도 '아빠의 우선순위는 엄마'라고 늘 가르쳤습니다.

어느 해 가족 여행에서는 이런 일도 있었습니다. 여행 중이라 온 가족이 한방을 쓰는데 친구의 아들이 공부를 하겠다고 방의 불을 켜 달라고 했습니다. 그랬더니 남편이 "엄마가 주무셔야 하니 화장실에 가서 책을 보라"고 했다고 합니다. 여행 중에도 공부하겠다는 아들이 기특한 것이 아니라 아내가 편히 쉬는 것을 우선으로 여긴 것입니다.

남편이 그렇게 귀히 여기고 사랑해 주니 친구도 남편을 진심으로 존경합니다. 불신 결혼으로 시작했지만 부부가 믿음과 사랑으로 한 몸이 되어 잘 살고 있습니다. 부모가 한 몸이 되어 중심을 잘 잡고 있기에 하나님께서 그 가정에 복을 주셨다고 생각합니다.

안 믿는 배우자와 한 몸이 되기 위해서는 엄청난 헌신과 섬김이 필요합니다. 그런 각오와 결단이 없다면 아예 불신 결혼은 생각지도 말아야 합니다. 내가 죽겠다는 각오도 없이 '나를 이렇게 사랑하는데 일주일에 한 번 교회 가는 걸 못 해 주겠어?'라고 생각한다면 큰 오산입니다.

사랑하기 때문에 불신 결혼을 하십니까? 하나님이 없는 사랑은 이기적이고 계산적일 수밖에 없습니다. 아무리 아름다운 이유로 합리화하려 해도 불신 결혼의 이면에는 결국 욕심이 자리 잡고 있다는 걸 인정해야 합니다. 하나님을 부인하는데 돈도 없고 외모도 내세울 것 없는 사람이라면 그래도 불신 결혼을 감행할까요? 나름대로 조건이 좋고, 뿌리치기 힘든 외모와 능력이 있기 때문에 '데려다가 믿게 할 수 있다'고, 믿음을 무슨 혼수쯤으로 취급하면서 불신 결혼을 하는 것입니다.

불신 결혼의 결과로 부부가 한 몸이 못 되고 있다면 이제라도 내 욕심과 죄를 인정하고 하나님의 도우심을 구해야 합니다. 믿지 않는 자와 멍에를 함께 메지 말라는 말씀은 안 믿는 배우자를 버리라는 뜻이 아닙니다. 안 믿는 배우자가 문제가 아니라, 하나님을 믿지 않는 세상 가치관을 가졌던 내가 문제입니다. 상대방이 아니라 나의 믿음 없음을 보라는 말입니다. 내가 믿음이 아닌 욕심으로 배우자를 선택했기 때문에 부부가 한 몸이 되지 못하는 것을 깨달아야 합니다.

 물론 서로 믿음을 가졌어도 한 몸이 되어 가는 과정에서 갈등이 생길 수 있습니다. 교회에 다니면서 일부일처를 어기고 외도를 하는 사람이 있습니다. 믿음으로 결혼했건만 술과 주식과 음란에 중독되어 온 가족을 힘들게 하는 경우도 있습니다. 그런 큰 사건이 없어도 매일 사소한 일로 부딪치는 것이 결혼생활입니다. 서로 다른 둘이 만나서 한 몸이 되려니 날마다 눈만 뜨면 이혼할 이유가 수없이 쌓여 갑니다. 그럼에도 가장 중요한 진리는 '하나님이 짝지어 주신 것을 사람이 나누지 못한다'는 것입니다. 내 힘으로는 한 몸이 될 수 없지만 하나님께서 내 죄를 깨닫게 하시고 나를 비우심으로 상대방의 절반을 받아들이고 한 몸을 이룰 수 있습니다. 어떤 경우에도 내 죄를 인정하고 십자가를 지겠다고 결단할 때 사람이 나누지 못할 온전한

한 몸을 이루게 됩니다.

하나님은 이혼을 원하지 않으십니다

7 여짜오되 그러면 어찌하여 모세는 이혼 증서를 주어서 버리라 명하였나이까 8 예수께서 이르시되 모세가 너희 마음의 완악함 때문에 아내 버림을 허락하였거니와 본래는 그렇지 아니하니라 _마 19:7~8

바리새인들이 이혼의 근거로 제시한 구절은 신명기 24장 1~4절 말씀입니다.

"사람이 아내를 맞이하여 데려온 후에 그에게 수치되는 일이 있음을 발견하고 그를 기뻐하지 아니하면 이혼 증서를 써서 그의 손에 주고 그를 자기 집에서 내보낼 것이요"(신 24:1).

분명 성경에 나온 말씀이지만 예수님은 "본래는 그렇

지 아니하니라"고 정확한 뜻을 가르쳐 주십니다. 당시 많은 남성들이 이혼 증서도 없이 아내를 내쫓곤 했습니다. 그렇게 쫓겨난 여자는 이혼 증서가 없으니 다른 곳으로 시집갈 수도 없고 간음한 여자로 간주되기 십상이었습니다. 게다가 간음한 여자는 돌로 쳐 죽이는 법이 있었기 때문에 남편에게 이혼 증서 없이 쫓겨났다가 돌에 맞아 죽기도 했습니다. 그런 불행한 사태를 보면서 모세는 쫓겨난 아내의 생존을 위해서, 여성을 보호하기 위해서 이혼 증서를 쓰게 했습니다. 이혼을 허락하기 위해서가 아니라 인간의 완악함 때문에 이혼 증서가 생긴 것입니다.

여기서도 우리가 생각해야 할 것은 '본래'입니다. 성경을 문자적으로만 봐서는 안 됩니다. 시대와 배경을 이해하면서 하나님의 '본래'를 깨달아야 합니다.

예를 들어 보겠습니다. 부모님이 한동안 여행을 떠나면서 형에게 당부합니다. "동생 좀 잘 돌봐라. 말 안 들으면 몇 대 때려서라도 위험한 행동은 못 하게 해야 돼."

그렇다고 부모의 본래 마음이 동생을 때리는 것입니

까? 그렇지 않습니다. 형으로서 동생을 사랑하고 지켜 주라는 것이 부모의 본래 뜻입니다. 그런데 부모의 말을 악용해서 "너, 내 말 안 들으면 때릴 거야. 당장 물 한 잔 떠 와. 안 떠 오면 세 대 때린다!" 한다면 바리새인과 다를 바 없습니다. 성경을 문자적으로 이용해 여성을 보호하기 위한 이혼 증서를 이혼을 장려하는 것으로 합리화하면 안 됩니다.

> 내가 너희에게 말하노니 누구든지 음행한 이유 외에
> 아내를 버리고 다른 데 장가 드는 자는 간음함이니라
> _마 19:9

'음행'은 정혼 기간 중에 일어난 성관계, 근친혼, 무분별하고 회개할 줄 모르는 성생활 등을 의미합니다. 한 번의 외도가 아닌 지속적으로 이어진 외도를 의미하기도 합니다. 본처와 본남편을 버리고 시집·장가가는 것 역시 음행입니다.

육적인 음행뿐 아니라 영적인 간음도 음행에 포함됩

니다. 그래서 배우자가 장기간 이단에 빠진 경우 교회에 따라서 이혼을 허락하기도 하고 이것에 대해서 치리하지 않습니다.

이처럼 주님은 때로 차선(次善)을 허락하실 때가 있습니다. 하지만 우리는 주님의 '본래' 마음을 생각해야 합니다. 주님의 본래 뜻은 '하나님이 짝지어 주신 것을 사람이 나누지 못한다'는 것입니다.

그렇다면 왜 하나님은 이혼을 원치 않으십니까?

이혼은 두 사람이 헤어진다고 끝나는 문제가 아닙니다. 한때 부모 형제로 맺어졌던 사람들과도 헤어져야 합니다. 자녀가 있는 경우는 더 심각합니다. 할머니와 고모, 이모와 삼촌이었던 사람이 하루아침에 남이 되고 원수가 된다면 그 상처와 충격이 얼마나 크겠습니까. 이혼 과정에서 부모가 서로를 헐뜯고 미워하고, 친가와 외가가 서로 으르렁대는 걸 보면서 자녀들이 얼마나 혼란스럽고 힘이 드는지 모릅니다.

한 가정 안에 이혼 문제가 있을 때 다른 가족이 그 굴레를 뒤집어쓰고 힘들어하는 것을 수없이 보았습니다. 이혼의 상처가 나에게서 끝나지 않고 자녀에게 대물림된다는 것을 무서운 경고로 받아들여야 합니다.

그러므로 음행을 저지른 배우자라도 다시 가정으로 돌아온다면 용서하고 받아들여야 합니다. 음행과 간음을 싫어하는 주님이시지만, 남편이 여럿이었던 사마리아 여인을 만나 주셨고, 간음하다 현장에서 붙잡힌 여자에게도 돌을 던지지 않고 용서하셨습니다.

마태복음 1장을 보면 기생 라합, 시아버지와 동침한 다말이 예수님의 조상으로 올라 있습니다. 주님은 죄를 보지 않고 사람을 보십니다. 어떤 음행과 죄를 지었더라도 회개하는 자를 용서하고 받아 주십니다. 그 사랑과 용서를 내가 경험했다면 잘못을 저지른 배우자에게도 베풀어야 합니다.

결혼의 목적은 행복이 아닙니다. 결혼에 필요한 것은 갖춰진 조건이 아니라 비움의 영성, 채움의 영성입니다. 나의 절반을 버리고 나와 다른 상대방의 절반을 받아들이는 것이 결혼입니다. 그런데 결혼생활을 하다 보면 내가 얼마나 포기하지 못하고 상대방을 받아들이지 못하는지를 깨닫게 됩니다. 반쪽인 배우자도 용서하지 못하고 사랑하지 못하는 것을 보면서 자신이 부족한 죄인임을 절감하게 됩니다. 그렇게 끊임없이 자기 죄를 깨닫고 회개하고 돌이킴으로써 조금씩 하나님의 형상을 이루어 가는 것이 결혼의 본래 목적입니다. 행복이 아닌 거룩을 이루는 것이 하나님께서 본래 품으신 결혼의 목적입니다.

그러므로 결혼식의 맹세처럼 하나님께서 부르시는 그날까지 한 남편과 한 아내로 살아가는 것은 엄청난 축복입니다. 결혼으로 한 몸이 되었다면 다른 선택은 없습니다. 내 힘으로는 거룩을 이루지 못하기 때문에 힘든 배우자를 붙여서 거룩해지게 하십니다. 지금 내 남편, 내 아내로 있는 그 사람이 하나님의 섭리 속에서 나를 거룩하게 하는 축복의 통로임을 인정하기 바랍니다.

**부부가 한 몸 되는 공식은
나의 반을 버리고
배우자의 반을 채우는 것입니다.**

내 마음 들여다보기

Q. 부부가 믿음으로 한 몸을 이루고 있습니까? 우리 부부가 한 몸이 못 되는 원인은 무엇일까요? 상대방이 아닌 나에게서 원인을 찾아보십시오.

....
....
....
....
....

Q. 배우자와 하나 되기 위해서 나의 반을 버리고, 배우자의 반을 채우라는 말에 동의하십니까? 지금까지 결혼생활에서 나의 반을 버린 것이 있는지 적어 보십시오.

....
....
....
....
....

Q. 하나님께서는 비록 안 믿는 배우자라도 갈라서는 것을 원치 않으십니다. 거룩한 결혼생활을 위해 나 자신이 깨닫고 실천해야 할 것은 무엇입니까?

....
....
....
....
....
....
....
....
....
....
....
....
....
....
....
....

Part 2

결혼을 지켜야 하는
두 번째 이유

_에베소서 5:22~33

결혼의 목적은 행복이 아니라 거룩이기 때문에

'새 메시지 도착'이라는 안내문이 남편의 휴대폰 화면에서 깜박거립니다.

'늦은 밤중에 누가 보낸 메시지일까? 나하고는 한 번도 문자메시지를 주고받은 적이 없는데……'

휴대폰을 만지작거리며 잠시 망설입니다. 당장 내용을 확인하고 싶은 호기심과 '남편의 휴대폰이나 뒤지는 여자'가 되고 싶지 않은 자존심, 그리고 메시지를 확인한 순간 몹시 괴로워할지도 모른다는 두려움이 김 집사의 머릿속을 스칩니다. 그런 긴장감을 애써 억누르고 용감하게 '확인' 버튼을 꾹 눌러 봅니다.

순간 '당신'이라는 글자가 눈앞에 보입니다. '뭔가 잘못 봤나?' 미간을 찡그리며 눈의 초점을 모아서 휴대폰 화면을 들여다봅니다.

'사랑하는 당신'

심장이 터질 것처럼 두근거립니다.

'보고 싶어요.'

정신을 가다듬고 지나간 메시지들까지 뒤져 봅니다.

'영원히 함께하고 싶은', '그리운' 따위의 달콤한 멘트들이 문자메시지함을 가득 메우고 있습니다. 눈앞이 캄캄해집니다. 남편이 샤워를 마치고 나오는 소리가 들립니다. 얼른 휴대폰을 닫고 일어섭니다. 큰 숨을 몰아쉬며 쏟아지려는 눈물을 억지로 참습니다.

"속옷은 문 앞에 챙겨 놨어요."

떨리는 목소리를 감추느라 얼른 빨랫감을 들고 방을 나섭니다. 남편과 마주칠 자신이 없습니다.

김 집사라고 처음부터 작정하고 남편을 의심한 것은 아닙니다. 평상시처럼 퇴근한 남편의 옷을 챙기다가 우연히 휴대폰을 들여다봤을 뿐입니다. 하지만 그 속에 담긴 메시지의 충격적인 내용이 김 집사를 무너뜨렸습니다. 그러나 당장 남편에게 분노할 수도, 슬픔을 드러낼 수도 없었습니다. 친정아버지의 끊임없는 외도로 어렵게 자란 김 집사는 남편의 외도를 도무지 인정할 수 없었습니다. 그럴수록 더욱 절망적이었습니다.

김 집사는 어려서 받지 못한 아버지의 사랑을 남편에게서 받고 싶었습니다. 대학 때 남편을 만나 연애를 하면서 남편의 가부장적이고 권위적인 모습까지도 왠지 믿음직스러워 보였습니다. 대학 4학년 때 친구의 전도로 예수님을 알게 됐지만 엄마는 절에 다니고 남편은 단전호흡을 좋아했습니다. 하지만 괜히 분란을 일으키느니 빨리 결혼해서 갈등 없이 살자 싶었습니다. 어려서 맛보지 못한 행복을 꿈꾸며 아담한 전셋집에서 결혼생활을 시작했습니다. 그러나 핑크 빛으로 시작한 결혼은 얼마 지나지 않아 암담한 잿빛으로 변해 갔습니다.

결혼의 목적은 행복이 아닙니다

이 세상에 불행하고 싶은 사람은 없습니다. 가난하고 싶은 사람도 없고, 무식해지고 싶은 사람도 없습니다. 남편에게 배신당하고 싶은 사람도 없고, 매를 맞고 싶은 사람도 없습니다. 하지만 그 불행을 피하는 것이 우리 인생의 목적은 아닙니다.

남자와 여자가 만나서 대충 행복하게 사는 것이 결혼의 목적이 아닙니다. 대충 행복하게 살려고 결혼했다면 그 결혼은 백 퍼센트 망할 수밖에 없습니다. 결혼의 목적은 행복이 아닌 거룩입니다. 이 땅에서 부부로 만나 가족으로 맺어진 이유는 오직 영혼 구원을 위해서입니다. 그 목적을 붙잡지 않는다면 모든 결혼은 무너질 수밖에 없습니다. 백 퍼센트 죄인인 남자와 여자가 만나서 살아가는데 어떻게 행복할 수 있겠습니까. 행복을 좇으면 불행해집니다. 그러나 하나님의 목적인 거룩을 좇으면 행복은 저절로 따라옵니다.

22 아내들이여 자기 남편에게 복종하기를 주께 하듯 하라 23 이는 남편이 아내의 머리 됨이 그리스도께서 교회의 머리 됨과 같음이니 그가 바로 몸의 구주시니라 24 그러므로 교회가 그리스도에게 하듯 아내들도 범사에 자기 남편에게 복종할지니라 _엡 5:22~24

하나님께서 말씀하시는 부부 생활의 원리 첫 번째는 아내가 남편에게 복종하는 것입니다. 서로 기뻐서 종노릇 하는 것은 천국입니다. 죽기 싫어서 하는 굴종이나 맹종은 지옥이지만 상대를 사랑해서 하는 복종은 어떤 어려움도 견뎌 내게 합니다.

그렇지만 어떻게 복종하란 말인가요? 도대체 웬만해야 사랑도 복종도 할 수 있는 것이지, 도무지 상종조차 하기 싫은 사람한테 어떻게 복종하라는 말인가요? '하나님이 뭘 모르셔도 한참 모르시네' 싶을 것입니다.

앞에 나온 김 집사의 남편도 도덕과 윤리의 잣대로는 복종할 만한 사람이 못 되었습니다. 결혼 초기부터 남편은 문제를 일으켰습니다. 고시 준비한다고 몇 년을 허송세월하더니 결국 포기하고 회사에 취직했습니다. 남편은 매사가 불만투성이였습니다. 하루가 멀다고 술을 마셔 댔고, 그러노라면 아침에 못 일어나 결근하기 일쑤였습니다. 회사도 수없이 옮겨 다녔습니다. 게다가 결혼한 지 3년이 지나도록 아기도 생기지 않았습니다.

남편과 계속 살아갈 용기도, 죽을 용기도 없던 김 집사는 그동안 외면해 온 하나님을 떠올렸습니다. 그렇게 용기를 내어 처음 교회에 갔을 때 마치 설교 말씀이 자기를 두고 하는 것 같았습니다. 교회 지체들과 사연을 나누면서 각자 모양은 달라도 자기와 같은 사람들이 있다는 것에 숨통이 트였습니다. 설교와 목장에서 나누는 성경 말씀이 달고 재미있었습니다. 그리고 1년 후 하나님의 응답으로 아들이 태어났습니다.

그것이 행복의 시작인 줄 알았던 김 집사는 '고생 끝 행복 시작'이라고 마음껏 감사를 드렸습니다. 그러나 이전과는 다른 전쟁이 김 집사를 기다리고 있었습니다. 그동안은 잃었던 믿음을 회복하고 성장하기 위한 전쟁이었다면,

이제는 남편의 영혼 구원을 위한 치열한 영적 전쟁이었습니다. 갈피를 못 잡고 방황하던 남편은 이대로는 못 살겠다며 단전호흡을 시작했고, 명상을 한다면서 집 근처 수련원에서 많은 시간을 보냈습니다. 하루는 김 집사가 말끝마다 하나님을 찾는 게 꼴도 보기 싫다고 성경책을 찢어 버렸습니다. 그러더니 급기야 남편의 휴대폰에서 사랑을 고백하는 다른 여자의 문자메시지를 보게 된 것입니다.

이런 남편에게 어떻게 복종할 수 있을까요? 무능력하고 우상과 음란에 빠진 남편에게 어떻게 주께 하듯 복종할 수 있을까요? 복종은커녕 그 남편을 떠나 버리고 싶은 마음이 굴뚝같을 것입니다. 아버지에게서 받지 못한 사랑을 남편에게 받으리라 기대했는데 처참하게 무너진 마음을 어떻게 회복할 수 있겠습니까?

그러나 하나님께서는 "아내들이여 남편에게 복종하라"고 명령하십니다. 그냥 말 잘 듣는 시늉만 하라는 것이 아니라 '주께 하듯' 복종하라고 강하게 명하십니다. 남편이 잘나서 복종하라는 게 아닙니다. 남편의 인격이 훌륭해서, 남편이 유능해서 복종하라는 것이 아닙니다. 내 삶의 주인이 주님이기에, 주님의 자녀로서 합당하게 살기 위해 복종하라는 것입니다.

이기적인 나 자신을 주님께 철저히 복종시키기 위해서 하나님께서는 이 땅의 남편을 통해 나를 훈련시켜 가십니다. 알코올중독에 폭력까지 휘두르며 돈 한 푼 못 버는 남편이라도 그 남편의 구원을 위해 복종함으로 주님에 대한 복종을 증거하라는 것입니다.

내가 용납하기 힘든 남편에게 복종하면 남들이 나를 무시할 것 같지만 전혀 그렇지 않습니다. 말이 안 되는 남편에게 복종하는 내 모습을 보고 자녀들도 엄마를 존경하게 됩니다. 인정과 칭찬을 받고 싶어서 복종하는 모습은 매력이 없지만, 남편과 가족의 구원을 위해 복종하는 모습은 그 어느 것보다 아름답고 매력적입니다. 때리고 부수고 거짓말하는 남편이라도 복종하면 누구보다 강한 리더십이 아내에게 주어집니다. 예수님은 십자가에서 생명을 내어놓으심으로 온 인류를 구원하는 구세주가 되셨습니다. 진정한 리더십은 희생과 섬김을 포함하는 것입니다. 죽기까지 순종하신 예수님처럼 나의 순종과 섬김으로 강력한 리더십을 얻을 수 있습니다.

결혼은 상대방에게 이해 받기 위해서 하는 것이 아니라 상대의 무거운 짐을 나누어 지기 위해 하는 것입니다. 배우자의 식구, 배우자의 경제적 능력, 질병 등 이 모든 것을 같이 짊어지고 가기 위해서 결혼하는 것입니다. 서로 다른 성격과 환경에서 살다가 상대방의 환경과 역할에까지 복종을 하려니 무거운 짐을 질 수밖에 없습니다. 그러므로 결혼을 하려면 '저 사람이라면 이 어려운 짐을 지고 같이 갈 수 있겠다'는 확신이 필요합니다. 결혼은 무거운 짐을 같이 지고 갈 확신으로 하는 것이지 그저 나를 이해해 주고 사랑해 준다고 하는 것이 아닙니다.

> 남편들아 아내 사랑하기를 그리스도께서 교회를 사랑하시고 그 교회를 위하여 자신을 주심같이 하라
> _엡 5:25

결혼생활에서 남편들에게 주시는 하나님의 명령은 '사랑하라'입니다. 순종보다 어려운 것이 사랑입니다. 순종은 내 의지를 꺾고 어느 정도 노력으로 할 수 있지만, 사랑은 노력해서 되는 게 아닙니다. 육적인 사랑도 노력만으로는 안 됩니다. 그런데 여기서 말씀하신 사랑은 '아가페', 무조건적인 사랑입니다. 그런 사랑으로 아내를 사랑하라니 아내들보다 훨씬 더 힘든 명령이 남편들에게 주어진 것입니다.

게다가 남편이 아내를 무조건적으로 사랑하지 않으면 영적 생활이 막힌다고 하십니다. 아내를 귀히 여기지 않으면 기도가 막히는데(벧전 3:7) 기도가 막히면 영적인 호흡이 끊기는 것이니 죽은 것과 마찬가지입니다. 이렇게 힘든 사랑을 남편들이 어찌 할 수 있겠습니까. 그래서 남자는 예수님을 만나지 않고는 진짜 사랑을 할 수 없습니다. 예수님의 십자가 사랑을 경험하지 못하면 '아가페'의 무조건적 사랑은 절대 불가능합니다.

결혼의 목적은 거룩입니다

26 이는 곧 물로 씻어 말씀으로 깨끗하게 하사 거룩하게 하시고 27 자기 앞에 영광스러운 교회로 세우사 티나 주름 잡힌 것이나 이런 것들이 없이 거룩하고 흠이 없게 하려 하심이라 28 이와 같이 남편들도 자기 아내 사랑하기를 자기 자신과 같이 할지니 자기 아내를 사랑하는 자는 자기를 사랑하는 것이라 _엡 5:26~28

인생의 목적, 결혼의 목적이 여기에 있습니다. 부부가 서로 복종하고 사랑해야 하는 이유는 결혼의 목적인 거룩을 이루기 위해서입니다. 흠이 많은 아내, 허물이 많은 남편을 거룩하고 영광스러운 교회로 세우기 위해 복종과 사랑의 명령을 주신 것입니다.

남편들에게 '순종'보다 힘든 '사랑'을 하라고 명령하신 것만 봐도, 남편의 믿음이 아내보다 성숙해야 복종과 사랑의 역할을 잘 감당할 수 있음을 알 수 있습니다. 하지만 대부분의 부부가 그렇지 못한 것을 봅니다. 김 집사처럼 남편의 사랑을 갈구하며 결혼하지만 인간에게서 무조건적인 사랑을 기대하는 건 불가능합니다. 그렇기에 남편의 사랑을 받지 못해 고통스러워하던 중 사랑의 본체이신 예수님을 만나게 됩니다. 예수님을 만나면 미워하고 원망하던 남편에게도 예수님이 필요하다는 것을 알게 되고, 그 남편을 예수께로 인도하기 위해 복종하게 됩니다. 이것이 결혼을 통해 이루어 가는 거룩의 과정입니다.

남편의 사랑이 없으면 어떻습니까. 남편이 무능력하면 어떻습니까. 만물의 주인이고 사랑의 본체이신 예수님이 나의 신랑이십니다. 진짜 신랑 예수님이 나를 물로 씻어서 회개하게 하시고, 말씀으로 깨끗하게 하시고, 양육시켜서 거룩하게 하십니다. 이것이 인생과 결혼의 목적입니다.

이 거룩을 이루기까지 우리의 결혼생활은 흠도 많고 허물도 많을 수밖에 없습니다. '나는 흠이 없다!'고 자신할 사람이 누가 있겠습니까? 어느 누구도 예외일 수 없습니다. 그걸 모른 채 나는 예외라고 생각하기 때문에 상대방의 사소한 흠 하나도 용납하지 못하는 것입니다. 먼저 내 흠과 허물을 인정할 때 배우자를 용납할 수가 있습니다.

김 집사가 고난으로 인해 예수님을 찾고 말씀을 깨달았지만, 그럼에도 없어지지 않은 흠이 있었습니다. 남편의 외도를 알고도 구원을 위해 묵묵히 참아 낸 김 집사였습니다. 밖에서 다른 여자를 만나는 육적인 간음보다 명상과 수련에 빠진 영적인 간음을 애통해하며 남편의 폭언과 폭력도 참아 냈습니다. 그런 김 집사에게 무슨 허물이 있었을까요?

　어느 날 목장 모임을 통해 김 집사는 힘든 고백을 했습니다. 남편이 다시 직장에 들어가면서 수입이 많아지고 그런 만큼 술 마시는 횟수도 늘었다고 합니다. 일주일에 2~3일은 만취가 돼서 들어오는데 도대체 얼마를 쓰고 다니는지 궁금해서 어느 날 남편의 지갑을 열어 카드명세서를 찾아봤습니다. 그런데 지갑 속에 든 두둑한 현금을 보고 자신도 모르게 몇만 원을 꺼내게 되었습니다. 그것이 두 번, 세 번으로 이어지더니 남편이 술에 취해 정신이 없는 날이면 1, 2만 원씩 몰래 꺼내 썼습니다. 휴대폰이고 지갑이고 자신의 소지품을 뒤지는 걸 질색하는 남편인 줄 알면서도, 매일 말씀 보고 기도를 하면서도, 목숨 걸고 남편의 지갑에서 돈을 꺼내 썼다는 것입니다.

술 마시고 바람을 피우고 때리는 남편의 죄가 크냐, 남편 지갑에서 돈을 훔쳐 쓰는 아내의 죄가 크냐의 문제가 아닙니다. 허물과 흠이 많은 두 사람이 만나 살면서 먼저 말씀을 깨달은 한 사람이 회개해야 합니다. 하나님을 모르는 남편은 당연히 죄가 무엇인지 모릅니다. 그러나 하나님을 믿고 구원을 위해 기도하는 김 집사는 날마다 말씀으로 자기 죄를 회개하고 씻어야 합니다. 상대방의 커다란 허물보다 나의 조그만 흠에 민감하게 반응하며 거룩해지기를 원하시는 주님의 은혜를 구해야 합니다.

김 집사는 고작 1, 2만 원에 불과하지만 돈을 사랑하는 자신 때문에 남편의 구원이 늦어지고 있음을 인정했습니다. 부끄럽고 힘든 고백일 텐데 자신의 죄를 인정하고 회개했기에 하나님께서 김 집사를 깨끗하게 하셨음을 믿습니다. 흠이 없어서가 아니라 주님 앞에 자기 죄를 인정하고 회개함으로써 또 한 단계 거룩을 이루어 냈기 때문입니다.

29 누구든지 언제나 자기 육체를 미워하지 않고 오직

양육하여 보호하기를 그리스도께서 교회에게 함과 같이 하나니 30 우리는 그 몸의 지체임이라 31 그러므로 사람이 부모를 떠나 그의 아내와 합하여 그 둘이 한 육체가 될지니 32 이 비밀이 크도다 나는 그리스도와 교회에 대하여 말하노라 _엡 5:29~32

결혼하면 누구든지 배우자가 '자기 육체'가 됩니다. 그런데 '자기 육체'를 미워하는 사람들이 있으니 얼마나 어리석습니까. 아담에게 돕는 지체가 없다면 불구나 다름없습니다. 31절은 창세기 2장 24절을 인용한 것으로, 아담은 바로 앞 절에서 자기 아내를 내 살과 뼈라고 합니다 (창 2:23). 몸에서 살과 뼈를 빼면 가죽밖에 안 남습니다. 피와 살과 뼈와 가죽과 그밖에 모든 것이 합쳐져야 온전한 육체를 이룰 수 있습니다. 그리스도가 교회를 보호함과 같이 부부도 이렇게 한 몸을 이루는 것입니다.

그리스도와 교회, 주님과 나는 한 육체를 이루는 관계여야 합니다. 주님과 한 몸을 이루는 즐거움이 크면 허탄한 세상의 즐거움에서 떠날 수 있습니다. 그런데 그 비밀이 없기 때문에 아직도 인간적인 사랑과 기대를 끊지 못하고 사람과 세상에 연연하는 것입니다.

마찬가지로 부부가 한 육체가 되는 즐거움이 커지면 자연히 부모를 떠나게 됩니다. 그런데 둘만의 사랑이 지극하지 못하고 한 육체가 되는 즐거움이 없으면 부모도 못 떠나고 세상도 떠나지 못합니다. 한 육체의 비밀을 가진 부부는 환경이 어떠하든지 둘이 한 몸이 되지만, 그 비밀이 없으면 자꾸 딴짓을 하고 딴소리를 하게 됩니다.

부부가 한 육체로 연합하려면 먼저 내가 그리스도와 한 육체를 이루어야 합니다. 예수 그리스도와 연합하는 즐거움과 비밀을 알아야 배우자를 자기 육체로 받아들이며 온전한 사랑을 이룰 수 있습니다. 그러므로 나의 부부 관계의 현주소는 나와 하나님과의 관계를 그대로 드러내는 것입니다.

> 그러나 너희도 각각 자기의 아내 사랑하기를 자신같이 하고 아내도 자기 남편을 존경하라 _엡 5:33

주님을 만난 부부라도 서로 복종하고 사랑하는 것이 너무 어렵기 때문에 거듭 반복해서 말씀하십니다. 주님을 만난 비밀을 지닌 사람은 누가 시키지 않아도 남편을 존경하고 아내를 사랑하게 됩니다. 돈이 사랑을 가져다주지 않습니다. 바람을 안 피우고 성실한 남편이라고 무조건 아내를 사랑하는 것도 아닙니다. 무능한 남편이 싫어서 이혼하고 돈 많은 남자를 만나면 그 돈의 노예가 되어 비굴하게 살기 십상입니다. 드세고 말 안 듣는 아내가 싫어서 이혼하고 착한 아내를 만나면 그것이 굴레가 되어 피곤해지기 십상입니다.

결혼의 목적은 행복이 아니라 거룩입니다. 도저히 사랑할 수 없는 남편, 아내라도 구원을 위해 복종하고 사랑할 때 하나님께서 나를 흠이 없게 하시고 거룩하게 하십니다. 허물이 많은 나를 깨끗하게 하신 그리스도의 사랑으로 배우자의 흠을 용납하는 것이 결혼생활을 잘하는 비결입니다. 아무리 펴고 또 펴도 주름이 많이 잡힌 결혼생활이지만 그런 중에도 나의 허물을 회개하며 거룩을 이루어 갈 때 하나님께서 우리의 결혼을 지켜 주십니다. 그리스도와 연합하여 부부가 한 육체를 이룰 때 진정한 행복과 즐거움을 허락하십니다.

내 마음 들여다보기

Q. 결혼의 목적이 행복이 아니라 거룩이라는 말에 동의하십니까? 결혼생활에서 영혼 구원의 사명을 감당하기 위해 어떻게 헌신하고 있습니까?

....
....
....
....
....

Q. 복종(사랑)은커녕 당장 떠나고 싶을 만큼 형편없는 배우자일지라도 그 배우자를 통해 내가 조금이라도 성숙하고 거룩해진 것을 인정하십니까? 하나님의 자녀로서 합당하게, 부부간에 복종과 사랑을 행하고 있습니까?

....
....
....
....

Q. 예수님은 허물 많은 나를 보혈로 깨끗하게 하셨습니다. 먼저 내 죄를 회개하고 배우자의 흠을 용납함으로써 결혼의 목적인 거룩을 이루어 가십니까?

Part 3

결혼을 지켜야 하는
세 번째 이유

_마태복음 13:24~30

가족의
구원을 위해

"당신…… 혹시 재혼했어?"

요사이 부쩍 친절해진 남편의 마음이 궁금해서 용감한 질문을 던져 봅니다. 남편은 흠칫 놀라는 듯하더니 무겁게 입을 엽니다.

"당신하고 여자 이야기는 정말 하고 싶지 않아. 사생활이니까 그런 건 서로 묻지 말자."

강 집사와 남편은 5년 전 이혼한 사이입니다. 남편의 외도가 이혼 사유였으니 새삼 다른 여자 이야기를 한다는 것이 편치 않을 터였습니다. 강 집사도 남편이 여자 문제에 대해 말하고 싶어 하지 않는 것이 지난날에 대한 수치와 미안함 때문이라고 이해했습니다.

　강 집사는 4대째 모태신앙인인 남편을 만나 8년 동안 뜨거운 연애를 하고 결혼했습니다. 그리고 귀한 아들을 둘이나 낳았습니다. 강 집사에게는 너무나도 소중하고 자랑스러운 가족이었습니다. 그러던 어느 날 청천벽력 같은 남편의 외도 사실을 알게 됐습니다. 하나님을 믿는 남편, 오랜 시간 신뢰했던 남편이었기에 강 집사는 배신감과 분노로 치를 떨었습니다. 그리고 분노를 이기지 못해 남편을 간통으로 고소했고 결국 이혼으로 이어졌습니다. 이혼 후에도 교회는 계속 다녔지만 강 집사의 삶은 피폐했고 고통스러웠습니다. 자신이 어쩌다 이혼녀가 되었는지 생각할수록 절망스러웠습니다.

가정이 천국이 되려면

예수께서 그들 앞에 또 비유를 들어 이르시되 천국은
좋은 씨를 제 밭에 뿌린 사람과 같으니 _마 13:24

씨는 생명을 낳습니다. 신약에서 '씨'는 '언약의 후손, 천국의 아들'이라는 의미를 가집니다. 이 세상 어떤 곳이라도 생명의 씨인 예수님이 뿌려지면 그곳이 천국입니다. 척박한 밭이라도, 외도와 배신과 폭력에 찌든 가정이라도 거기에 예수님이 뿌려지면 천국이 됩니다.

모태신앙으로 목사님의 주례를 받으며 축복 속에 결혼한다고 가정이 천국이 되는 것이 아닙니다. 믿음의 결혼을 했다면 거기에 예수님의 씨가 뿌려져서 생명을 낳아야 합니다. 인간적인 사랑을 넘어서 부부가 한 믿음으로 하나 되어 구원의 열매, 전도의 열매를 맺어야 합니다.

그런데 전도하는 데는 관심도 없고 오로지 내 가족만 쳐다보기 때문에 천국이어야 할 가정이 지옥이 됩니다. 하나님 자리에 내 남편, 내 자식을 모셔 놓고 섬기다가 배신을 당하면 모든 것이 무너져 버립니다. "네가 어떻게 나한테 이럴 수가 있니!" 하면서 원망과 분노로 지옥을 사는 것입니다.

배우자가 바람을 안 피우고, 자식이 공부를 잘한다고 해서 가정이 천국이 되는 것이 아닙니다. 아무리 힘든 환경에서도 예수님의 씨가 뿌려지면 그곳이 천국입니다. 고난 중에도 복음을 전하고 생명의 열매를 맺는 것이 천국을 사는 비결입니다.

강 집사와 남편은 믿음의 결혼을 했지만 생명을 낳는 일은 하지 못했습니다. 육적으로 귀한 아들을 낳았어도 그것이 사명으로 이어지지 못하고 내 가족, 내 식구만 챙기며 살았습니다. 그랬기 때문에 단 한 번의 외도로 가정이 깨어지고 말았습니다.

> 25 사람들이 잘 때에 그 원수가 와서 곡식 가운데 가라지를 덧뿌리고 갔더니 26 싹이 나고 결실할 때에 가라지도 보이거늘 _마 13:25~26

하나님의 은혜로 내가 좋은 씨로 뿌려졌는데 우리는 쉽게 잠을 자 버립니다. 하나님께서 믿음의 남편을 주시고 자녀를 주시고 복을 주시니까 거기에 취해서 잠이 들어 버립니다. 영적인 결실을 맺지 못하고 잠이 드니까 세상적인 생각이 나를 점령하고 돈과 외모, 학벌에 타협하며 가라지가 덧뿌려지는 것입니다.

가라지를 '독(毒)보리'라고 합니다. 우리가 잠이 드는 것은 순간입니다. 하나님을 잊고 세상에 눈을 돌리기 시작하면 그 짧은 순간 원수가 와서 악한 가라지를 덧뿌리고 갑니다. 불신 결혼은 안 한다고 결단을 했는데 상대의 잘생긴 외모에 취해서 잠이 들면 금세 가라지가 뿌려져서 안 믿는 배우자라도 결혼해 버립니다. 믿음으로 결혼을 했지만 음란과 출세에 취해서 잠이 들면 가정을 위협하는 독이 덧뿌려집니다. 그러고는 "내가 뭐에 씌어서 저 사람하고 결혼했지?" 하면서 힘든 인생을 삽니다. 가정이 천국이 되려면 내가 잠들지 말아야 합니다. 믿음으로 결혼을 했어도 매일 깨어서 하나님의 뜻을 묻고 서로를 돌아보아야 합니다.

그러나 이미 가라지가 뿌려졌어도 우리가 기억해야

할 것은 하나님께서 나를 좋은 씨로 뿌리셨다는 사실입니다. 사방이 가라지로 뒤덮인 척박한 환경이라도 예수 그리스도를 품은 좋은 씨 하나가 생명을 전파합니다. 나 한 사람이 잠들지 않고 깨어서 예수 생명의 씨를 뿌리면 됩니다. 좋은 씨, 예수 씨를 가진 나로 인해서 전도의 열매, 회개의 열매, 사랑의 열매가 맺히고 그 가정이 천국이 되는 것입니다.

가라지를 인정해야 합니다

내가 잠든 사이 순식간에 가라지가 덧뿌려졌는데 그것을 깨닫기까지는 오랜 시간이 걸립니다. 고난과 기다림의 훈련 속에서 가라지를 발견하고 깨달을 때는 이미 한참 자라난 후입니다. 씨가 뿌려졌을 때는 전혀 모르다가 싹이 나고 결실할 때가 되니까 가라지가 보입니다.

콩깍지가 씌어서 결혼할 때는 몰랐다가 가라지를 발견하고 나면 후회로 몸부림을 칩니다. "내가 이렇게 살 사람이 아닌데, 내 인생이 이렇게 될 줄은 몰랐어"라고 부르짖다가 이제라도 가라지를 뽑아야겠다고 작정하고는 이혼을 결심합니다. 가라지 같은 배우자, 가라지 같은 시댁 식구, 가라지 같은 지긋지긋한 환경을 뽑아내고 이제라도 인생을 바로잡겠다고 생각합니다. 그래서 작정을 하고 주님께 물어봅니다.

"가라지를 뽑기 원하시나이까?"

> 27 집 주인의 종들이 와서 말하되 주여 밭에 좋은 씨를 뿌리지 아니하였나이까 그런데 가라지가 어디서 생겼나이까 28 주인이 이르되 원수가 이렇게 하였구나 종들이 말하되 그러면 우리가 가서 이것을 뽑기를 원하시나이까 _마 13:27~28

"주님, 제가 안 믿는 남편하고 결혼해서 교회도 마음대로 못 나가는 거 아시죠? 십일조도 못 드리는 거 아시죠? 이제라도 안 믿는 남편은 뽑아 버리고 제대로 신앙생활을 해야 하지 않을까요? 남편만 없으면 주의 일을 잘 할 것 같은데요."

"하나님, 가라지 같은 저 사람만 없으면 살 것 같아요. 훨훨 날아다닐 것만 같아요. 하나님은 제가 불행하게 사는 걸 원하지 않으시잖아요. 저 가라지를 뽑아 버리게 해 주세요. 제발 저 가라지를 제 인생에서 치워 주세요!"

그러나 주님은 이렇게 말씀하십니다.

가만두라 가라지를 뽑다가 곡식까지 뽑을까 염려하노라 _마 13:29

아무리 힘든 가라지라도, 지긋지긋한 가라지라도 가만두라고 하십니다.

부부가 함께 살면서 단 한 번도 실수하거나 실망하지 않고 살아갈 수 있습니까? 그런 부부가 있다면 한번 만나 보고 싶습니다. 누구나, 어떤 가정에나 실망과 아픔을 주는 가라지가 있을 수 있습니다. 다른 사람은 말할 것 없이 내 속에도 미움과 음란, 시기와 질투의 가라지가 무수하게 자라고 있습니다. 그런데 내가 뭐라고 배우자를 뽑아내기 위해 이혼을 한단 말입니까!

이 세상은 하나님의 자녀와 사탄의 자녀가 끊임없이 영적 전쟁을 치르는 곳입니다. 내가 아무리 믿음으로 살아보려 해도 끊임없는 유혹과 타협이 인생에 찾아옵니다. 그럴 때 실수하고 죄를 지었다고 무조건 뽑아내면 이 세상에 존재할 사람이 얼마나 되겠습니까? 인간관계에서 잘못된 사람을 뽑아내고, 결혼에서 잘못한 배우자를 뽑아낸다면 공동체는 와해되고, 가정은 무너질 수밖에 없습니다.

그래서 주님은 "가만두라"고 명령하십니다. 가라지는 주님이 뿌리신 게 아닙니다. 내가 깨어 있지 못하고 잠들었기 때문에 "원수가 와서"(25절) 덧뿌리고 간 것입니다. 주님은 좋은 씨를 주셨는데 나의 욕심과 정욕 때문에 가라지가 뿌려진 것입니다. 그렇다면 그것을 뽑을 권한은 나에게 없습니다. 어떠한 경우에도 우리는 뽑아내고 쫓아낼 권한이 없습니다. 먼저 쫓겨나는 것은 어쩔 수 없지만, 배우자를 버리고 이혼할 수 있는 권리는 우리에게 없습니다.

원수가 덧뿌리고 간 가라지는 내가 제거해야 할 대상

이 아닙니다. 하나님께서 없애 주실 때까지 인내하고 기다려야 할 대상입니다. 성숙은 인내를 통해 이루어집니다. 인내로써 끝없는 영적 전투를 치르며 안식과 성결을 배워야 합니다.

남편의 외도를 용서 못 하고 이혼을 한 강 집사의 결정은 결코 쉬운 것이 아니었습니다. 8년의 열애 끝에 목사님의 주례로 축복을 받고 한 결혼이었기에 무수한 고민과 갈등 속에서 이혼을 선택한 것입니다. 그러나 강 집사는 왜 자신의 가정에 가라지가 덧뿌려졌는지를 깨닫지 못했습니다. 강 집사가 할 일은 남편을 뽑아내고 이혼을 하는 것이 아니었습니다. 먼저 인간적인 편안함에 취해 잠들어 버린 자기 속의 가라지를 발견해야 했습니다.

내 곁에 있는 가라지 때문에 힘들어서 죽고 싶다면 그것은 내 속에 있는 가라지 때문입니다. 내 속에 자라난 수많은 가시와 가라지가 하나님의 은혜를 가리고 나를 힘들게 하는 것이지 누구를 탓할 일이 아닙니다. 그러므로 내 곁에 가라지가 있다면 먼저 내 속에 있는 가라지를 뽑아내야 합니다.

말씀을 듣고 묵상하는 훈련을 통해 강 집사에게도 변화가 찾아왔습니다. 자신이 예수 그리스도의 좋은 씨로 뿌려졌는데 생명을 확장시키지 못했다는 것을 깨닫게 된 것입니다. 하나님보다 남편을 우상으로 섬겼던 자신의 집착과 탐심이 뽑아내야 할 가라지임을 알게 되었습니다. 목장예배와 양육을 통해 이혼한 사연을 나누면서 남편을 용서하고 사랑하는 마음이 생겼습니다. 자신의 우상을 깨뜨리기 위해 남편이 수고했다는 생각이 들었고, 그 마음이 남편의 영혼에 대한 애통함으로 이어져서 매일 남편을 위해 기도하게 되었습니다. 그리고 이혼으로 깨어진 가정이 회복될 수 있도록 힘든 적용을 하기로 했습니다.

먼저 매달 양육비를 보내 주는 남편에게 감사 편지를 보냈습니다. 틈틈이 성경 구절과 고맙다는 말을 넣어서 문자메시지도 보냈습니다. 아이들 일을 핑계로 전화도 자주 했습니다. 2~3주에 한 번씩은 아이들과 함께 나가서 남편과 외식도 했습니다. 이미 이혼했어도 남편과 다시 합치는 것이 가정을 지키기 원하시는 하나님의 뜻이라고 생각했습니다. 그 뜻을 남편에게도 전하고 싶어서 가정 회복에 대한 설교 테이프를 선물했습니다. 나중에 물어보니 남편은 설교를 들었다며 말씀이 좋더라고 했습니다. 집으로 데려다주는 남편의 차 안에서는 기독교 방송이 흘러나왔습니다.

그러기를 1년, 어느덧 남편과 믿음으로 대화가 통하면서 강 집사는 재결합을 확신하게 됐습니다. 그동안 같이 기도했던 목장 지체들에게 중보를 부탁하고 남편을 만나 힘들게 이야기를 꺼냈습니다. 그날따라 남편도 하고 싶은 이야기가 있다고 했습니다. 그렇게 서로 편안한 마음으로 대화를 시작하는데 남편은 뜻밖의 말로 강 집사를 놀라게 했습니다.

"그동안 말을 못 했는데…… 나 재혼한 지 3년 됐어. 당신하고 애들을 보면 너무 미안하고 가슴이 찢어져. 당신 편지 받고 많이 울었어. 이제라도 마음을 추스르고 하나님 앞에서 살려고 해. 우리 서로 너무 멀리 와서 예전으로 돌아갈 순 없어. 하지만 당신과 아이들 생활은 내가 끝까지 책임질게."

강 집사의 머리가 멍해졌습니다. '가정 회복을 위해

그토록 헌신하고 기도했건만 하나님의 뜻은 과연 무엇이란 말입니까?' 간신히 눈물을 참고 집으로 돌아와서 강 집사는 하나님 앞에서 통곡하며 울었습니다. 그렇게 울부짖으며 기도하는 중에 하나님의 음성이 들렸습니다.

"너에게는 내가 있지 않니."

강 집사는 그동안 남편의 재혼을 모르게 하신 것도 하나님의 뜻이었다고 고백합니다. 재혼한 것을 몰랐기에 1년 동안 남편의 구원을 위해 기도할 수 있었고, 평안한 가운데 말씀으로 양육 받을 수 있었습니다.

> 둘 다 추수 때까지 함께 자라게 두라 추수 때에 내가 추수꾼들에게 말하기를 가라지는 먼저 거두어 불사르게 단으로 묶고 곡식은 모아 내 곳간에 넣으라 하리라
> _마 13:30

하나님의 밭으로 만들어진 우리의 가정과 공동체에도 독초인 가라지가 자랄 수 있습니다. 속 썩이는 가라지 때문에 매일 고통스러운 날들을 보낼 수 있습니다. 그래도

주님은 그 가라지를 뽑지 말고 가만두라고 하십니다. 가라지를 뽑으려다 곡식까지 다친다고 염려하십니다. 잘못한 남편(아내) 가라지, 자식 가라지를 뽑으려다가 하나님이 세우신 가정과 공동체가 무너질까 염려하십니다.

뽑아내고 싶은 가라지가 있다면 먼저 내 속의 가라지를 처리해야 합니다. 독초처럼 나와 가족을 갉아먹는 욕심과 미움의 가라지를 뽑아내고 내가 먼저 하나님의 곳간을 채울 알곡이 되어야 합니다. 예수 그리스도의 좋은 씨를 가진 한 사람이 되어서 모든 이들에게 생명을 전파해야 합니다.

하나님께서 부부로, 가족으로 묶어 주신 이유는 오직 구원을 위해서입니다. 영혼 구원의 사명을 감당하라고 이 땅에서 믿음의 부부, 믿음의 가정을 이루게 하십니다.

강 집사는 그 사명을 미처 깨닫지 못해 이혼을 했지만 지금은 충성된 일꾼으로 영혼 구원의 사명을 감당하고 있습니다. 교회에서 목장을 섬기며 자신의 이혼을 오픈하고 하나님을 만나게 된 자신의 고난을 간증합니다. 이혼을 통해 너무나 귀한 사명을 깨달았기에 남편과 재결합하지 못

했어도 너무나 감사하답니다. 남편의 사랑이 전부인 줄 알았던 지난날과 하나님을 만나게 된 고난의 자리 중 하나를 선택하라면, 주저하지 않고 고난의 자리를 선택하겠다고 믿음으로 선포합니다.

강 집사처럼 이혼이라는 고난을 겪은 이들에게 가정 회복의 사명이 있다고 생각합니다. 본인이 이혼을 겪었기에 이혼은 안 된다고 힘 있게 외칠 수 있습니다. 누구보다 알찬 하나님의 알곡이 되고, 하나님의 곳간을 더 풍성하게 하는 구원의 일꾼이 될 수 있습니다.

하나님께서 부부로,
가족으로 묶어 주신 이유는
오직 구원을 위해서입니다.
영혼 구원의 사명을 감당하라고
이 땅에서 믿음의 부부,
믿음의 가정을 이루게 하십니다.

내 마음 들여다보기

Q. 믿음의 결혼을 했어도, 다른 이들에게 관심을 갖고 구원의 열매, 전도의 열매를 맺어야 합니다. 우리 가정은 영혼 구원을 위해 수고하고 있습니까?

....
....
....
....
....

Q. 가라지 같은 배우자, 가라지 같은 환경을 뽑아내고 싶습니까? 가라지를 뽑지 말아야 하는 이유는 무엇입니까?

....
....
....
....
....

Q. 하나님의 은혜로 좋은 씨가 된 내가 맺어야 할 영적인 결실은 무엇입니까? 영적인 결실을 맺지 못하도록 방해하는 내 안의 가라지는 어떤 것이 있는지 적어 보십시오.

....
....
....
....
....
....
....
....
....
....
....
....
....
....
....

Part 4

결혼을 지켜야 하는 네 번째 이유

_창세기 4:16~26

자녀를 믿음의 후사로
키우기 위해

부부 목장의 목자로 섬기고 있는 정 집사의 딸 유경이가 저를 보더니 반갑게 달려옵니다.

"목사님, 저 이번에 목자 됐어요."

"그래? 우리 유경이가 소년부 목자가 됐구나? 이제 큐티도 더 열심히 하고 기도도 많이 해야겠네. 아빠도 목자고 유경이네 식구는 우리들교회에 와서 출세했네. 정말 축하한다!"

2년 전만 해도 유경이는 수줍고 어두운 표정의 아이였습니다. 교회에 처음 와서 찍은 새가족 사진을 보면 유경이도, 유경이 엄마도 근심이 가득한 얼굴입니다.

유경이 엄마는 남편과의 이혼을 앞두고 우리들교회에 나왔습니다. 대학 시절에 만난 남편과 결혼해서 고등학생인 시동생과 한방을 쓰느라 신혼의 단꿈도 모르고 살았습니다. 장애를 가진 시부모님뿐 아니라 다른 시댁 식구들까지 부양해야 했습니다. 그러나 남편은 일방적인 헌신만 요구할 뿐 위로해 주지 않았습니다. 오히려 돈을 헤프게 쓴다고 타박하고, 가계부를 쓰라면서 일일이 검사까지 했습니다. 자기는 밖에 나가 온갖 오락을 즐기면서도 모든 문제를 아내 탓이라고 몰아붙였습니다. 날이 갈수록 부부는 원수가 되어 갔습니다. 서로 독한 욕설을 퍼부으며 새벽까지 피를 말리는 싸움을 했습니다. 친정엄마와 유경이 앞에서 육탄전까지 벌이기도 했습니다.

"네가 이 집안에 들어와서 한 게 뭐가 있어. 넌 우리 집안의 트러블 메이커야. 너 때문에 집안이 시끄러운 걸 알라고!"

남편은 늘 시댁 식구 편에서 유경 엄마를 정죄했습니다. 살고 싶지 않았습니다. 어린 유경이도 눈에 들어오지 않던 어느 날, 유경 엄마는 약을 구해 자살을 기도했습니다. 응급실에 실려 가 겨우 살아났지만 여전히 문제는 해결되지 않았습니다. 어느 날 집안일을 참견하는 시어머니께 분통을 터뜨렸더니 남편은 "더 이상 너 같은 것하곤 못 산다"며 이혼을 요구했습니다.

정신이 번쩍 들었습니다. 자살까지 기도했지만 남편이 먼저 이혼을 요구할 줄은 몰랐습니다. 자신은 잘못한 게 없는데 이혼까지 당해야 한다니 기가 막혔습니다. 그때 친구가 유경 엄마의 힘든 사정을 알고 가정 회복을 위해 세워진 교회라며 우리들교회를 소개했습니다. 지푸라기라도 붙잡는 심정으로 교회에 가 첫 예배를 드리던 날, "자녀에게 물려줄 최고의 유산은 이혼하지 않고 가정을 지키는 것"이라는 말씀을 들었습니다. "한 아버지와 한 어머니가 호적을 더럽히지 않고 살아 준 것이 최고의 결혼 혼수이고 예단"이라는 말에 유경이를 생각하며 눈물을 흘렸습니다. 이기적으로 환경을 피하려고만 했던 자신의 모습을 회개하며 유경이를 위해서라도 가정을 지키기로 결단했습니다.

하나님을 떠나는 자녀

가인이 여호와 앞을 떠나서 에덴 동쪽 놋 땅에 거주하더니 _창 4:16

창세기 4장에는 동생 아벨을 죽이고 인류 최초의 살인자가 된 가인의 후손이 기록되어 있습니다. 아벨을 죽이는 죄를 지었지만 하나님께서는 가인을 사랑하셔서 어디를 가든 해를 당하지 않도록 표를 주셨습니다. 그의 목숨을 지킬 수 있도록 사랑의 처방을 내려 주신 것입니다(창 4:15).

그럼에도 이어지는 결론은 "가인이 여호와 앞을 떠나서"입니다. 살인을 저질렀어도 이제라도 회개하고 하나님 앞에서 살고자 하면 하나님께서 찬란하게 빛내 주셨을 텐데, 하나님의 사랑을 경험하고도 하나님을 떠날 수밖에 없는 것이 가인의 결론이었습니다.

내가 어떤 죄를 지었든지, 어떤 상황에 있든지 하나님을 떠나지 않는 것이 복된 일입니다. 내가 행위로 죄를 짓지 않고 완벽한 겉모습을 갖췄다 해도 하나님을 떠나는 것이 가장 큰 저주입니다. 그렇다면 가인은 왜 떠났을까요? 자신의 죄를 회개하지 못했기 때문입니다. 형제를 죽인 죄를 끝내 회개하지 않고 죽음을 면하는 표를 주시니까 그 표만 받고 얼른 떠나 버린 것입니다. 하지만 그렇게 떠나서 가인이 거한 곳은 '방황과 탄식'이라는 뜻을 가진 놋 땅이었습니다.

환경을 피해 "내가 살려면 여기를 떠나야 해. 남편을 떠나야 해. 이 집을 떠나야 해" 하면서 떠나지만 거기에는 방황과 탄식만 있을 뿐입니다. 하나님을 떠나서 간 곳은 아무리 화려한 환경이라도 방황과 탄식의 땅입니다.

> 17 아내와 동침하매 그가 임신하여 에녹을 낳은지라 가인이 성을 쌓고 그의 아들의 이름으로 성을 이름하여 에녹이라 하니라 18 에녹이 이랏을 낳고 이랏은 므후야엘을 낳고 므후야엘은 므드사엘을 낳고 므드사엘은 라멕을 낳았더라 _창 4:17~18

그런데 하나님을 떠난 가인의 후손을 보니 그 이력

이 출중합니다. 첫아들 에녹은 '훈련하다, 양성하다, 봉헌하다'라는 뜻으로, 훈련을 잘 받고 양성되어 그의 이름으로 성을 쌓을 정도로 자랑스러운 자녀가 되었습니다. 가인은 하나님을 떠나서 자식을 잘 키우는 재미로 인생을 살았습니다. 이것이 하나님을 떠난 사람들의 특징입니다. 하나님이 아니라 자기가 왕 노릇 할 수 있는 대상이 곧 자식이기에 아등바등 돈 벌어서 빌딩 짓고 자식의 이름을 떡하니 붙여 줍니다. 에녹 이후 자손들도 이랏(도시에서 생활하는 자), 므후야엘(도말하다, 쓸어버리다), 므드사엘(강성한 자), 라멕(강한 자, 젊은 자)으로 모두가 인간 승리의 상징입니다.

유경 아빠 정 집사도 집안에서는 인간 승리의 상징이었습니다. 정 집사의 부모님은 장애를 가지고 있었습니다. 부모님이 장애인이라는 이유로, 가난하다는 이유로 어려서부터 놀림과 무시를 당했던 정 집사는 반드시 성공하여 절대 무시당하지 않으리라 결심하고 독하게 공부했습니다. 결혼해서도 부모님과 형제들이 우선이었습니다. 아내가 부모님에게 조금이라도 쌀쌀맞게 대하는 것을 용납할 수 없었습니다. 아내의 언행 하나하나에 민감하게 반응하며 부모님을 무시한다고 미워했습니다. 나중에는 아예 아내를 제쳐 놓고 부모님, 형제들하고만 집안일을 의논했습니다. 그러면서도 주변의 시선과 승진에 걸림돌이 될까 봐 이혼을 안 하고 참고(?) 살았습니다.

그는 정말 자신이 참아 주는 것이라고 생각했습니다. 어렵게 살아온 부모 형제를 지키는 것이 당연했고, 모든 갈등은 아내가 잘못하기 때문이라고 합리화했습니다. 죽는다고 약을 먹었을 때는 불쌍한 마음도 들었지만 문제만 일으키는 아내가 꼴도 보기 싫었습니다. 게다가 감히 시어머니한테 큰소리를 치다니 당장에 이혼하자고 당당하게 요구했습니다.

하나님을 떠나서 이루는 성공, 하나님과 상관없는 성공은 이런 것입니다. 세상에서 인정받고 화려한 성을 쌓아도 속에 있는 상처와 열등감은 돈이나 명예로 해결되지 않습니다. 절대 무시당하지 않겠다고 안간힘을 쓰며 살았지만 가정이 전쟁터가 됐습니다. 지난날의 모멸을 갚겠다고 부모 형제를 우상처럼 섬기고 살면서 정작 자신의 자녀가 병들어 가는 것은 보지 못했습니다.

가인의 자손도 이런 마음으로 안간힘을 썼을까요? 살인자의 후예라는 오명을 씻고 싶어서 더 강하게, 더 화려하게 성공하고 싶었을까요? 그러나 그 성공의 결론은 무엇입니까.

> 19 라멕이 두 아내를 맞이하였으니 하나의 이름은 아다요 하나의 이름은 씰라였더라 20 아다는 야발을 낳았으니 그는 장막에 거주하며 가축을 치는 자의 조상이 되었고 21 그의 아우의 이름은 유발이니 그는 수금과 통소를 잡는 모든 자의 조상이 되었으며 22 씰라는 두발가인을 낳았으니 그는 구리와 쇠로 여러 가지 기구를 만드는 자요 두발가인의 누이는 나아마였더라
> _창 4:19~22

이전까지 유지되던 일부일처제가 강한 자 라멕에 의해서 깨집니다. 하나님께서 한 남자와 한 여자를 짝지어 주

시고, 여자의 후손을 낳으라는 사명을 주셨건만 부부 간에 누려야 할 성(性)을 쾌락의 도구로 쓰기 시작한 것입니다. '아다'는 '단정하고 아름답다', '씰라'는 '악기를 다루는 자'라는 뜻이다. 돈이 있으니 눈과 귀를 즐겁게 해 줄 아름다운 여자들을 골라서 데리고 살았습니다. 그 자손 야발, 유발, 두발가인은 가축을 치는 자산가, 음악을 만드는 예술가, 기계 문명의 창시자로 화려한 문명을 만들어 갑니다.

그리고 이 모든 부유함과 강성함으로 라멕은 '칼의 노래'를 부릅니다.

"나의 상처로 말미암아 내가 사람을 죽였고 나의 상함으로 말미암아 소년을 죽였도다"(창 4:23)라고 자기 능력을 과시하면서 무자비한 살상을 노래합니다.

자신의 노력으로 사회적 성공을 이룬 정 집사 역시 세상의 음란으로 달려가고 있었습니다. 아내를 타박하고 가계부 검사까지 하면서도 골프와 도박, 술에 돈을 써 댔습니다. 출세를 위한 투자라는 것이 명분이었습니다. 수시로 안마시술소를 드나들며 음란에 몸을 맡겼으면서도 모든 갈등의 원인이 아내 때문이라고 생각했습니다. 가난과 장애인 부모님으로 인해 받은 상처와 독기로 아내를 죽이고, 자녀를 죽이며 칼의 노래를 부르고 있었습니다.

하나님의 이름을 부르는 자녀

> 아담이 다시 자기 아내와 동침하매 그가 아들을 낳아 그의 이름을 셋이라 하였으니 이는 하나님이 내게 가인이 죽인 아벨 대신에 다른 씨를 주셨다 함이며
> _창 4:25

아담의 아들 중 아벨은 죽고 가인은 하나님 앞을 떠나 버렸습니다. 아담이 얼마나 기가 막혔겠습니까. 착한 아들은 죽고 잘난 아들은 떠나 버렸으니 인생이 슬펐을 것입니다. 그러나 아담은 잃은 자녀를 붙잡고 슬퍼할 때가 아님을 알았습니다. 여자의 후손 그리스도가 오시기까지 구속사를 이어 가기 위해서 아내와 동침하여 하나님이 주신

'다른 씨' 셋을 낳았습니다.

착한 아벨도 아니고, 하나님을 떠나서 성공한 가인도 아니었습니다. 하나님이 주신 다른 씨 셋을 통해 예수님의 계보를 잇게 하셨습니다. 우리의 모든 고정관념을 깨는 '다른 씨'를 통해서 하나님의 역사를 이루셨습니다. 모든 것을 잃은 환경에서도 하나님이 주시는 '다른 씨'가 있어 생명을 이어 갈 수 있습니다.

가정을 지키려는 유경 엄마의 결단이 있었기에 그 가정에도 다른 씨가 심겨졌습니다. 유경 엄마는 끈질기게 이혼을 요구하는 남편에게 우리들교회의 전략(?)대로 "네 번만 와서 예배를 드리면 당신의 요구를 따르겠다"고 제안했습니다. 남편은 "무슨 술수를 부리는 거냐"며 코웃음을 쳤습니다.

그런데 그동안의 스트레스 때문이었는지 유경 엄마가 갑자기 쓰러져서 입원을 하게 됐습니다. 갑상선 이상이라고 했습니다. 남편이 어쩔 수 없이 병원을 찾았습니다. 문병을 갔던 우리들교회 목장 식구들이 기다렸다는 듯이 달려들어 남편의 손을 붙잡고 눈물로 기도를 드렸습니다. 멋쩍어진 남편은 이혼을 해 준다 하니 가서 예배를 드리겠다고 약속했습니다.

드디어 첫 번째 예배를 드렸습니다. 졸지 않고, 중간에 나가지 않고 자리를 지켜 준 것만도 고마웠습니다. 두 번째 주일, "아무리 힘든 상황에서도 남은 그루터기를 봐야 한다"(사 7:4)는 설교 말씀이 남편의 마음을 움직였습니다. '먼저 내 죄를 보는 것이 그루터기가 되어 가정을 살리는 것'이라는 메시지에 가슴이 울컥했습니다.

'평범하지 못한 삶을 살아온 나 때문에 아내가 많이 힘들었겠구나!' 하는 놀라운 깨달음을 얻었습니다.

> 셋도 아들을 낳고 그의 이름을 에노스라 하였으며 그 때에 사람들이 비로소 여호와의 이름을 불렀더라
> _창 4:26

셋이 낳은 아들 '에노스'는 보통명사로 '사람, 남자'라는 뜻입니다. 그리고 '치료 불가능한 병든 상태의 한계

상황', '부패로 사라질 삶', '유한함', '죽어야 하는' 등의 뜻도 가지고 있습니다. 치료가 불가능한 한계상황에서 부패하여 사라질 수밖에 없는 유한한 인생…… 참으로 인간의 실존을 간파한 이름입니다. 하나님이 없이는 죽을 수밖에 없는 존재라는 것을 인정하는 신앙고백이 바로 '에노스'라는 이름입니다.

이러한 '에노스'의 상황에서 사람들이 비로소 여호와의 이름을 부르게 됩니다. 말씀을 듣고 자기 때문에 아내가 힘들었다는 것을 깨달은 정 집사도 비로소 여호와의 이름을 부르게 됐습니다. 집안에 분란이 일어나는 이유가 아내 때문이 아니라 자신의 출세욕과 음란 때문임을 인정했습니다. 정 집사 자신이 죄인이라는 것을 알고 나니 저절로 하나님의 이름을 부르게 됐습니다. 육적인 성공이 아니라 하나님의 이름을 부르는 것만이 자신도 살고, 가정도 살고, 부모 형제가 사는 길임을 알게 되었습니다.

이혼을 하고 싶어서 찾아온 교회였습니다. 아내의 병실을 지키는 교회 식구들이 너무 고마워서 신세 지고 살기 싫은 마음에 목장예배에도 인사치레로 참석했습니다. 그러나 단 두 번의 예배로 하나님은 정 집사의 마음을 깨뜨리셨습니다.

정 집사야말로 연약한 에노스였기에 말씀이 들렸을 것입니다. 그동안 무시당하지 않으려는 독기로 똘똘 뭉쳐 있었어도 누구보다 약하고 상처 많은 영혼이었기에 자신의 전적인 부패와 무능을 인정하고 하나님의 이름을 부를 수 있었습니다.

정 집사는 현재 우리들교회 목자로 섬기고 있습니다. '이혼하기 전에 네 번만 와서 예배를 드리라'는 모델 중 한 명이 되어서 자신의 간증을 나눕니다.

처음에는 목장에서 지나간 잘못을 이야기하는 아내가 불편했습니다. 아내에게 아직도 죄를 못 깨달은 것 같다고 정죄하는 버릇도 남아 있었습니다. 자신과 아내, 유경이의 회복보다 부모 형제와 사이좋게 지내는 것에 더 큰 관심을 쏟기도 했습니다. 그러나 시간이 갈수록 모든 것이 자신의 죄 때문이라고 인정하게 됐습니다. 자신의 회개만이 가정의 모든 상처를 해독하는 방법이었습니다. 육적으로 효도하는 것보다 영원한 구원의 생명을 전하는 것이 부모 형제에 대한 참사랑임을 깊이 깨달았습니다.

　이제는 없어질 세상 성공이 아니라 강대한 하나님 나라의 백성 된 것이 정 집사의 자랑입니다. 자신은 장년부 목자로, 아내는 권찰로, 딸 유경이는 소년부 목자로 섬기고 있으니 가족 모두가 하나님 나라 어전(御前) 회의에 나가는 특권을 가졌다고 자랑합니다. 에노스의 삶을 살았기에 하나님의 이름을 부르게 된 정 집사가 믿음의 후사로 부모와 형제들을 구원으로 인도하고 있습니다. 그 믿음을 잇는 또 다른 믿음의 후사로 소년부 목자 유경이가 반짝반짝 빛을 내고 있습니다.

**자녀에게 물려줄 최고의 유산은
이혼하지 않고 가정을 지키는 것입니다.**

내 마음 들여다보기

Q. 배우자가 너무 힘들게 해서, 시댁(처가) 식구가 어렵게 해서 가정을 떠나고 싶은 유혹을 받은 적이 있습니까? 가정을 떠나면 어떤 환경을 만나게 될까요?

....
....
....
....
....

Q. 나의 콤플렉스 때문에 세상에서의 성공에 더욱 집착하지는 않습니까? 하나님과 상관없는 성공의 결론은 무엇입니까?

....
....
....
....
....
....

Q. 자녀에게 물려줄 최고의 유산은 가정을 지키는 것이라는 말에 동의하십니까? 가정에 갈등이 일어났을 때 먼저 무엇을 생각해야 할까요?

....
....
....
....
....
....
....
....
....
....
....
....
....
....
....

Part 5

결혼을 지켜야 하는 다섯 번째 이유

_사무엘하 21:1~14

가계에 흐르는
죄와 상처를 끊기 위해

깔끔하게 양복을 차려입은 경진이가 청년부 예배 시간에 단상에 올랐습니다. 설교를 듣고 그 말씀에 대한 적용을 나누는 순서에 자원해서 앞으로 나온 것입니다. 스물일곱 살의 잘생긴 이 청년에게 어떤 사연이 있을까요? 모두 특별한 관심을 보이며 단상에 오른 청년을 주목했습니다.

"저는 알코올중독자입니다."

경진이의 고백에 순간 예배당이 술렁였습니다. 어머니와 함께 교회에 나오는 건실한 청년, 매사에 자신감이 넘치고 사람을 좋아하는 천생 남자인 경진이었습니다. 어머니인 송 집사를 통해 술을 못 끊고 있다는 말은 들었지만 알코올중독자라니, 순간 가슴이 찌르르했습니다.

가계에 흐르는 상처

경진이에게는 여동생이 한 명 있습니다. 초등학교를 갓 졸업했을까요? 어림잡아 나이를 헤아려 볼 뿐 얼굴도 모르는 동생입니다. 어느 날 엄마가 아빠 차의 조수석에서 사진 한 장을 발견했습니다. 웬 갓난아기가 경진이 아빠 배 위에 올라타 있고, 그 옆에는 낯선 여자가 환하게 웃고 있었습니다. 아빠는 끝까지 잡아떼려 했지만, 알고 보니 10년 동안 같은 아파트에서 두 집 살림을 하고 있었습니다.

아빠가 10년간이나 외도를 했고, 더구나 배다른 동생이 있다는 사실을 알았을 때 경진이는 한창 사춘기를 지나는 고등학생이었습니다. 10억을 주면 이혼해 주겠다고 아빠와 싸우는 엄마의 발악과 이어지는 눈물…… 끝이 없을 것 같은 지옥이 시작되었습니다.

경진이는 아빠가 만난다는 여자의 주소를 어렵게 알

아냈습니다. 술을 마시고 쳐들어가 "당장 사라지라"고 욕설을 퍼부으면서 물건을 부수고 행패를 부렸습니다. 그 일로 아빠와는 원수가 되었습니다. 외도가 발각된 후 양쪽 집을 오가던 아빠는 경진이와 부딪힌 그날 짐을 싸서 집을 나가 버렸습니다.

집집마다 남편과 아내, 부모와 자식 간에 얽히고설킨 미움과 분노의 전쟁이 끊이지 않습니다. 서로를 향해 원망과 분노를 쏟아 내는 가족을 어떻게 회복시키겠습니까? "나는 잘못한 게 없는데 네가 어떻게 그럴 수 있어!", "나는 열심히 살았는데 너 때문에 내 인생이 망했어." 상대를 향한 독한 원망과 상처를 어떻게 치유할 수 있겠습니까?

> 다윗의 시대에 해를 거듭하여 삼 년 기근이 있으므로
> 다윗이 여호와 앞에 간구하매 여호와께서 이르시되
> 이는 사울과 피를 흘린 그의 집으로 말미암음이니 그
> 가 기브온 사람을 죽였음이니라 하시니라 _삼하 21:1

예수님의 조상 다윗의 인생은 그야말로 고난의 연속이었습니다. 이새의 막내아들로 태어나 양치기로 살다가 사무엘 선지자에게서 기름 부음을 받았으나, 사울 왕의 미움을 사서 죽기 살기로 도망 다녀야 했습니다. 왕이 된 후에는 주변 강대국과 끊임없이 전쟁해야 했고, 밧세바와의 간음 이후 아들 압살롬의 반역과 믿었던 세바의 반란도 겪어야 했습니다. 갈등과 살인, 배신에 시달리다가 인생 말년까지 도망 다녀야 했습니다.

이렇게 인간이 겪을 수 있는 온갖 고난을 다 겪은 줄 알았는데 이제는 기근까지 찾아왔습니다. '사람의 매와 인생의 채찍'(삼하 7:14)으로 다윗을 훈련시키신 하나님께서 이번엔 먹을 것이 없는 고난까지 허락하신 것입니다.

기근이 3년 동안 있었다는 것은 다윗이 3년 동안 깨닫지 못했다는 뜻입니다. 1~2년 기근으로는 정신을 못 차리니까 꼬박 3년의 기근을 겪게 하셨습니다. 식량을 저장해 둘 설비도 없고 냉동 기술도 없는 때라 당시 3년 기근은 지금의 30년 기근이나 다름없었습니다.

이런 어려움을 당할 때에는 어떻게든 살아 보겠다고

몸부림치기보다 묵묵히 하나님의 뜻을 물어야 합니다. '내가 왕년에 어떻게 살았는데' 하면서 미련 떨지 말고 내가 무엇을 깨닫기 원하시는지, 기근을 주신 하나님의 뜻을 물어야 합니다.

하나님은 3년 만에 왜 기근을 주셔야만 했는지 알려 주셨습니다. 그런데 그 응답의 내용이 '사울과 그 집안의 죄 때문'이고 합니다. 다윗을 그토록 미워하고 잡아 죽이려던 사울의 죄를 다윗에게 물으신 것입니다. 억울하고 분할 노릇입니다.

> 기브온 사람은 이스라엘 족속이 아니요 그들은 아모리 사람 중에서 남은 자라 이스라엘 족속들이 전에 그들에게 맹세하였거늘 사울이 이스라엘과 유다 족속을 위하여 열심이 있으므로 그들을 죽이고자 하였더라 이에 왕이 기브온 사람을 불러 그들에게 물으니라
> _삼하 21:2

사울이 죽였다는 기브온 사람은 도대체 누구입니까?

기브온은 본래 가나안 족속으로서 여호수아 때 신분을 속이고 찾아와 이스라엘의 종이 되었습니다. 비록 속임수로 화친까지 맺었으나 여호수아는 그들을 이스라엘에 복속시키고 멸하지 않기로 약속했습니다(수 9장). 그때부터 기브온 사람들은 이스라엘 안에서 약소민족으로서 역사를 함께했습니다. 그런데 사울이 그 약속을 깨고 기브온 사람들을 강탈한 것입니다. 자기 열심이 지나쳐서 하나님을 앞서 가더니 조상 대대로 내려온 약속을 저버리고 기브온 사람들을 죽인 것입니다.

> 다윗이 그들에게 묻되 내가 너희를 위하여 어떻게 하랴 내가 어떻게 속죄하여야 너희가 여호와의 기업을 위하여 복을 빌겠느냐 하니 _삼하 21:3

하나님의 뜻을 안 다윗은 즉시 속죄의 행동을 취합니다. 기브온 사람들을 불러서 내가 너희를 위하여 어떻게 해야겠냐고 책임감 있는 모습을 보입니다. 이래서 다윗이 위대한 하나님의 사람입니다. 자신을 죽이려고 했던 사울의 죄일지라도, 내가 저지르지 않은 조상의 죄일지라도 그것을 내가 깨달았다면 속죄도 나의 몫입니다. 먼저 깨달은 한 사람이 죄를 회개하고 책임을 질 때 물질적·정신적 기근으로 무너진 집안을 살릴 수 있습니다.

경진이가 많은 사람들 앞에서 자신의 알코올중독을 고백한 것은 더 이상 부모를 탓하지 않고 스스로 책임지겠다는 결단이었습니다. 예수님을 영접하고 청년부 목자까지 하면서도 술을 끊지 못하는 자신의 문제를 처음에는 쉽게 인정할 수 없었습니다. 말씀을 들을 때마다 끊어야겠다고 생각했지만, 그것은 중독이나 병이 아니라 치유가 필요한 '상처'라고 합리화했습니다. 그러다 교회의 의사 집사님을 만나 대화를 나누던 중 자신의 음주 습관이 심각한 상태라는 것을 알게 됐습니다. 병원을 찾아가 진단한 결과, 경진이의 알코올중독은 초기도 아닌 중기 상태였습니다.

병원에서 치료가 필요하다고 했지만 받아들이고 싶지 않았습니다. 스물일곱 살에 알코올중독자라니, 정신과 치료를 받아야 한다니 창피하기만 했습니다. 그러나 병원에 다녀온 후에도 변함없이 술을 마시고 넘어지는 일을 반복하면서 자신의 중독을 인정할 수밖에 없었습니다. 본격적인 치료를 시작하면서 청년부 목자로서 공동체의 기도가 필요함을 느꼈습니다. 자신의 연약함을 알기에 공동체 식구들에게 중보기도를 부탁하려고 힘든 고백을 한 것입니다.

치료를 결단한 경진이는 "주께서 나를 시들게 하셨으니 이는 나를 향하여 증거를 삼으심이라……"(욥 16:8)는 말씀을 자신에게 적용했습니다. 상처와 중독으로 시들어 버린 자신이지만 그것이 주님의 증거로 삼으시기 위함이라는 말씀에 힘을 얻었습니다. 아직 돌아오지 않은 아빠의 구원을 위해, 같은 처지에 있는 자녀들을 위해 하나님의 증거로 쓰임 받기를 기대한다고 했습니다. 자신을 증거로 삼아 주신 하나님의 사랑에 눈물로 감사드렸습니다.

죄와 상처를 끊고 가정을 살리는 한 사람

4 기브온 사람이 그에게 대답하되 사울과 그의 집과 우

> 리 사이의 문제는 은금에 있지 아니하오며 이스라엘 가운데에서 사람을 죽이는 문제도 우리에게 있지 아니하니이다 하니라 왕이 이르되 너희가 말한 대로 시행하리라 5 그들이 왕께 아뢰되 우리를 학살하였고 또 우리를 멸하여 이스라엘 영토 내에 머물지 못하게 하려고 모해한 사람의 6 자손 일곱 사람을 우리에게 내주소서 여호와께서 택하신 사울의 고을 기브아에서 우리가 그들을 여호와 앞에서 목 매어 달겠나이다 하니 왕이 이르되 내가 내주리라 하니라 _삼하 21:4~6

선대(先代)의 죄를 회개하고 책임지겠다는 다윗의 제안에 기브온 사람들은 사울의 자손 일곱 명을 내어 달라고 합니다. 사람과 사람 사이의 문제가 은금에만 있다면 얼마나 좋겠습니까. 죄와 상처, 원망과 분노가 끊이지 않는 가정의 갈등이 돈으로 해결될 수 있다면 얼마나 좋겠습니까. 다윗이 기브온 사람의 요구대로 일곱 명의 목숨을 내어 준 것은 목숨을 가볍게 여겼기 때문이 아닙니다. 기브온이 이스라엘에 속해서 하나님의 약속에 들어온 사람들이기에, 그 약속을 어긴 대가를 치르고 공의를 행해야 하는 것입니다.

이것은 옳고 그름의 문제가 아닙니다. 지금 쓰러져 가는 연약한 사람에게는 인자를 행하고, 하나님을 믿는 사람으로서 스스로에게는 공의를 행하는 것이 지혜입니다.

> 7 그러나 다윗과 사울의 아들 요나단 사이에 서로 여호와를 두고 맹세한 것이 있으므로 왕이 사울의 손자 요나단의 아들 므비보셋은 아끼고 8 왕이 이에 아야의 딸 리스바에게서 난 자 곧 사울의 두 아들 알모니와 므비보셋과 사울의 딸 메랍에게서 난 자 곧 므홀랏 사람 바르실래의 아들 아드리엘의 다섯 아들을 붙잡아 9 그들을 기브온 사람의 손에 넘기니 기브온 사람이 그들을 산 위에서 여호와 앞에 목 매어 달매 그들 일곱 사람이 동시에 죽으니 죽은 때는 곡식 베는 첫날 곧 보리를 베기 시작하는 때더라 _삼하 21:7~9

사울의 아들 요나단과의 약속도 하나님 가운데서 한 약속이었으므로 다윗은 요나단의 아들 므비보셋은 내어 주지 않습니다. 기브온 사람들 역시 그 약속에 동참했으므로 그것에 대해 이의를 달지 않았습니다. 그만큼 하나님과의 약속, 하나님 안에서의 약속은 중요한 것입니다.

 사울이 이기심으로 약속을 파기했기 때문에 그 대가로 아들 둘과 손자 다섯이 나무에 달려 죽임을 당했습니다. 이스라엘 관습상 나무에 달려 죽는 것은 저주를 받았거나 언약을 파기해서 받는 형벌이었습니다. 기브온 사람들은 이것이 감정적 복수가 아니라 사울이 언약을 깨뜨렸기 때문이라는 것을 공표하기 원했습니다.

 결혼은 많은 사람들 앞에서 남편과 아내로 평생을 함께하겠다는 공식적인 약속입니다. 그 약속을 가볍게 여기고 마음대로 깨뜨린다면 거기에는 반드시 뼈아픈 대가가 따르게 됩니다. 외도와 거짓말, 이혼으로 깨어진 결혼의 상처가 자녀와 그 자녀들에게까지 이어질 수 있다는 것을 경고로 받아들여야 합니다. 문자적으로 죽임을 당한다는 말이 아닙니다. 부모의 다툼과 미움을 보고 자란 자녀가 그 상처로 인해 또 다른 사람들에게 상처를 입히고, 이렇게 안타까운 악순환이 반복되는 것을 주변에서 너무나 많이 보았습니다.

그러나 하나님은 우리를 회복시키십니다. 일곱 사람이 죽은 때는 "곡식 베는 첫날"이었습니다. "보리를 베기 시작하는 때"는 기근이 곧 끝나리라는 암시입니다.

죄를 인정하고 그 대가를 치르는 일은 너무나 어렵고 두렵습니다. 그럼에도 내가 결단만 하면 하나님이 도와주십니다. 죄를 회개함으로 하나님의 은혜가 임하고 사랑의 기근, 대화의 기근, 물질의 기근이 들었던 가정에 "곡식 베는 첫날"이 시작됩니다. 그리고 그 은혜의 시작을 구원으로 이끄는 한 사람이 있습니다.

> 아야의 딸 리스바가 굵은 베를 가져다가 자기를 위하여 바위 위에 펴고 곡식 베기 시작할 때부터 하늘에서 비가 시체에 쏟아지기까지 그 시체에 낮에는 공중의 새가 앉지 못하게 하고 밤에는 들짐승이 범하지 못하게 한지라 _삼하 21:10

죽임을 당한 일곱 명은 사울의 첩 리스바가 낳은 아들과 그 손자들이었습니다. 아야의 딸 리스바는 사울의 첩으로서 화려한 삶을 살았습니다. 왕이 탐하여 첩으로 둘 만큼 아름답고 매력적인 여인이었을 것입니다. 그러나 그 미모 때문에 분란이 끊이지 않았습니다. 사울의 군대 장관이었던 아브넬은 권세를 잡자 리스바를 달라고 요구했고, 그 일로 심각한 분쟁이 일어났습니다. 결국 아브넬은 사울에게 등을 돌리고 다윗을 따랐습니다(삼하 3장). 이것이 사울에게 속했던 이스라엘이 다윗에게로 향하는 계기였습니다. 리스바의 미모 때문에 나라가 분열된 것입니다.

  이것만으로도 참 기구한 인생인데 남편으로 섬기던 사울은 처참하게 죽고, 아들 둘과 손자 다섯은 나무에 매달려 죽었습니다. 장례조차 치러 줄 수 없었습니다. 아들과 손자들의 시체가 그대로 버려져서 짐승과 새들에게 뜯기는 것을 그냥 지켜봐야 했습니다. 이 비참함을 어찌 다 헤아리겠습니까. 나라도 잃고, 남편도 잃고, 아들과 손자도 잃은 리스바야말로 그들을 따라 죽고 싶었을 것입니다.

  그러나 너무나 놀랍게도 리스바는 죽음이 아닌 생명

을 택했습니다. 회개의 상징인 '굵은 베'를 가져다가 '바위', 즉 예수 그리스도의 '반석' 위에 폈습니다. 사울의 죄로 인해 자손들이 참혹한 대가를 치르고 있을 때 리스바가 나서서 회개의 역사를 보였습니다. 누구를 위하여 회개했습니까? 사울을 위해서? 죽은 자손들을 위해서? 아닙니다. 굵은 베를 가져다가 "자기를 위하여" 반석 위에 폈습니다.

회개는 자신을 위한 것이고, 자신에 대한 것이어야 합니다. 조상 때문에, 부모 자식 때문에 하는 것이 아니라 나의 죄 때문에 회개하는 것입니다. 조상 탓, 부모 탓은 그만합시다. 오직 내 죄를 회개함으로써 예수 그리스도의 반석 위에서 가계에 흐르는 저주를 끊어 낼 수 있습니다.

리스바가 자손들의 시체를 지킨 기간, 곡식 베기 시작할 때부터 하늘에서 비가 쏟아지기까지의 시간을 신학자들은 6개월 이상으로 보고 있습니다. 언제 끝날지 모르는 하나님의 진노 가운데서 리스바는 자기 집안의 죄와 수치를 보이며 밤낮으로 시신을 지켰습니다. 너무나 외롭고 비참한 시간이었을 것입니다. 그러나 리스바에게는 이미 세상의 소망이 끊어졌기에 그 시간을 감당할 수 있었습니다.

자식도 남편도 아니고 오직 하나님만이 소망이 되었기에 절망적인 상황에서도 굳게 설 수 있었습니다.

경진이가 자신의 중독을 고백하고 말씀을 적용하기까지 어머니 송 집사의 회개와 눈물이 끊이지 않았습니다. 같은 아파트 안에 사는 여자와 바람을 피우고 그녀에게서 딸까지 낳은 남편을 인간의 힘으로 어떻게 용서할 수 있겠습니까.

송 집사 몰래 그 딸을 호적에 올려놓고, 휴가 때마다 여자와 아이를 대동하여 해외여행을 다니는 남편이었습니다. 아들이 술을 마시고 방황해도 꿈쩍 안 하고 싸우기만 하더니, 그 딸이 사춘기에 들어섰다고 일부러 시간을 내서 놀러 다니는 남편이었습니다. 이 사실이 주변 사람들에게까지 알려지자 송 집사는 너무나 수치스러워 살고 싶지 않았습니다. 상대 여자는 남편이 자기를 더 사랑하는데 왜 이혼을 안 하느냐고 송 집사를 비웃었습니다.

처음에는 위자료 10억 원을 주면 이혼한다고 악을 쓰면서 남편을 괴롭혔습니다. 배신감과 수치심 때문에 수없이 자살을 생각했습니다. 그러나 사울 집안에서 회개함으로 우뚝 선 리스바처럼 송 집사도 죽음이 아닌 생명의 길을 택했습니다. 힘들어도 말씀을 붙잡고 묵상하면서 조금씩 자신의 죄를 깨달아 갔습니다.

결혼 전부터 교회를 다녔음에도 자상한 남편이 좋아서 불신 결혼을 했던 죄, 남편이 승승장구하며 돈 잘 버는 것만 좋아서 믿음으로 인도하려 애쓰지 않았던 죄, 두 아들을 세상 가치관으로 키운 죄를 회개했습니다. 아들의 알코올중독도 남편이 아니라 자기 때문이라고 회개했습니다. 아이들을 자기편으로 만들기 위해 일부러 아이들 앞에서 남편 욕을 퍼부었고, 집착과 원망으로 휩싸인 자신 때문에 아이들이 지옥을 살아야 했다고도 고백했습니다.

> 11 이에 아야의 딸 사울의 첩 리스바가 행한 일이 다윗에게 알려지매 …… 14 ……그 후에야 하나님이 그 땅을 위한 기도를 들으시니라 _삼하 21:11~14

리스바가 행한 일이 다윗을 감동시켜 사울 집안의 장

례도 치르게 되었습니다. 그리고 하나님이 그 땅을 위한 기도를 들으셨습니다. 기구한 한 여인의 회개로 기근이 그친 것입니다. 리스바라는 한 여인의 회개가 다윗을 회복시키고, 하나님의 백성을 회복시키고, 한 나라를 회복시켰습니다.

진정한 회개는 나를 변화시키고 내 옆의 사람들까지 변화시킵니다. 나를 위한 회개가 결국은 모든 사람을 살립니다.

회개의 메시지를 전하면 '이건 우리 남편이 들어야 해. 우리 엄마가 들어야 해. 이 말씀은 김 집사가 들어야 해' 하는 사람이 있습니다. 나 한 사람 회개한다고 뭐가 달라지겠냐고, 나만 변해서 되겠냐고 울분을 토하는 사람도 있습니다. 그런 분들에게 기구한 여인 리스바를 소개하고 싶습니다.

리스바가 행한 일이 천하의 다윗을 감동시킨 것처럼 하나님은 나의 회개를 높여 주십니다. 고난이 크면 클수록 회개의 역사도 크게 하십니다.

송 집사의 진정한 회개가 있었기에 아들 경진이도 믿음으로 회복되었습니다. 경진이의 동생도 청년부 목자로 교회를 섬기고 있습니다. 송 집사가 죽고 싶을 때 죽지 않고, 도망가고 싶을 때 도망가지 않고 살았기 때문에 하나님께서 그 가정을 지켜 주신 것입니다. 비참한 상황에서도 회개의 굵은 베를 편 송 집사와 경진이가 있기에 죄와 상처와 중독이 힘을 잃고 끊어질 것을 믿습니다. 하나님이 그들의 기도를 들으사 그 가정을 예수 그리스도 반석에 세워 주실 것을 믿습니다.

내 마음 들여다보기

Q. 예수님을 믿는다고 하면서도 술, 담배, 음란 등 끊지 못하는 중독이 있습니까? 그 중독이 무엇 때문, 누구 때문이라고 합리화하십니까?

....
....
....
....
....

Q. 내가 저지르지 않은 조상의 죄일지라도 그것을 내가 깨달았다면 속죄도 나의 몫입니다. 우리 가정의 죄를 발견했습니까? 내가 먼저 깨닫게 하신 이유는 무엇일까요?

....
....
....
....
....

Q. 진정한 회개는 나뿐 아니라 내 옆의 사람까지 변화시킵니다. 힘든 상황일지라도 조상 탓, 부모 탓하지 않고 오직 나의 죄로 받아들이고 회개함으로써 가계에 흐르는 저주를 끊으시겠습니까?

Part 6

결혼을 지켜야 하는 여섯 번째 이유

_여호수아 10:3~14

응답 받는
인생을 살기 위해

남편의 도박 빚으로 집까지 잃을 위기에 놓인 부인이 상담을 하러 왔습니다. 도박 중독인 남편 때문에 집까지 날리게 됐는데 서류상으로 이혼을 해서라도 집을 지켜야 하지 않겠냐고 물었습니다. 주변의 성화도 있고 해서 도장을 찍으러 가기 전에 마지막으로 저를 찾은 것입니다.

저는 부인에게 이혼과는 상관없는 질문을 던졌습니다.

"집사님, 남편이 예수님을 믿고 구원 받기를 원하세요?"

부인은 속 시원한 대답을 기대했다가 오히려 질문을 받자 잠시 어리둥절하더니 이내 당연하다는 듯이 대답했습니다.

"네, 물론이죠."

저는 다시 물었습니다.

"지금 집을 지키는 것보다 남편이 구원 받는 게 더 급한 일이라는 걸 인정하세요?"

잠시 머뭇거리는 부인에게 또 한 번 물었습니다.

"도박 빚이 문제가 아니라 남편이 구원 받고 하나님을 만나면 도박도 끊을 수 있다는 걸 믿으십니까?"

"네, 맞아요. 어떤 것보다 남편이 구원 받기를 원합니다."

눈물을 글썽이는 부인에게 저는 간절한 마음으로 이야기했습니다.

"집사님, 진심으로 남편의 구원을 원하신다면 집을 잃는 것을 두려워하지 마세요. 툭 하면 집을 담보로 빚을 내서 도박한다고 했는데, 집이 없어야 남편도 도박을 못하죠. 잡힐 재산이 없으면 빚도 질 수가 없잖아요? 지금은 힘들고 막막하겠지만 집을 잃는 것이 남편이 조금이라도 빨리 돌아오는 방법일 수 있습니다."

집이 없어도, 먹을 것, 입을 것이 없어도 하나님께서 책임지시리라는 확신이 없다면 이런 이야기를 할 수 없었을 것입니다. 당장 아이들하고 길거리에 나앉게 생겼는데, 전 재산을 잃더라도 영혼 구원이 먼저라고 말하는 것도, 그것을 받아들이는 것도 결코 쉽지 않습니다. 그러나 하나님은 우리의 소원을 외면하지 않으십니다. 어떤 것보다 구원을 우선으로 놓고 기도할 때 만물의 주인이신 하나님께서 필요한 모든 것을 채워 주십니다.

최 집사도 안타까운 사연을 가지고 큐티 모임을 찾았습니다.

"저는 남편이 어디에 있는지도 몰라요. 어디 외국으로 도망갔다는데 그것도 남편 친구가 저를 생각해서 알려 준 거죠. 남편은 전화 한 통 없어요. 이 인간이 사업을 한다고 정신없이 다니더니 저도 모르게 억대의 빚을 져 놓고 도망간 거예요. 제 명의까지 도용해서 빚을 얻었더라고요. 상상이나 되세요? 남편 때문에 저는 신용불량자가 됐어요. 간호사로 근무하던 병원도 그만뒀어요. 아이들 데리고 먹고살아야 하는데 빚쟁이들이 잡으러 올 것 같아서 잠도 못 잡니다. 안 그래도 허리가 안 좋았는데 요즘엔 일어나 앉기도 힘들 만큼 아파요. 허리만 안 아프다면 가사 도우미라도 할 거예요. 직업을 가지려면 빨리 신용불량자에서 벗어나야죠. 여기저기 알아봤는데 이혼 소송밖에는 방법이 없대요. 남편이 행방불명이니 합의 이혼은 안 되고 소송으로 어떻게든 이혼을 해야죠. 안 그래도 10년 내내 속만 썩이던 사람이었어요. 이혼한다고 해도 아쉬울 거 하나도 없어요. 지금까지 참고 산 것도 기막힌데 빚까지 떠맡기다니 어떻게 나한테 이럴 수 있죠? 이혼 소송만으로는 분이 안 풀려요. 마음 같아서는 사기꾼으로 고소하고 싶어요. 아이들 아빠라서 참는 거죠. 생각만 해도 분하고 억울해요. 너무 억울해요."

최 집사의 억울한 심정이 공감되었습니다. 아픈 허리로 초등학생인 두 아이를 먹여 살려야 하는 최 집사의 사정도 너무 딱했습니다. 그래도 이혼 소송은 그만둬야 하지 않겠냐고, 이혼은 하나님의 뜻이 아니니 말씀으로 인도함을 받아 보자고 했습니다.

"하나님의 뜻이 아니라고요? 그러면 하나님의 뜻은

뭔가요? 남편도 소위 모태신앙인이에요. 시댁 식구들도 다 믿는 사람들이고요. 하나님을 믿는다면서 이렇게 가족을 궁지에 몰아넣고 도망친 남편인데, 제가 왜 하나님의 뜻을 생각해야 되죠? 전 정말 모르겠어요. 우선 저하고 애들이 살고 봐야죠. 이혼 소송을 안 하면 제가 남편 빚을 다 갚아야 하는데 어떻게 살란 말입니까?"

나를 속인 그 사람을 도우라

3 예루살렘 왕 아도니세덱이 헤브론 왕 호함과 야르뭇 왕 비람과 라기스 왕 야비아와 에글론 왕 드빌에게 보내어 이르되 4 내게로 올라와 나를 도우라 우리가 기브온을 치자 이는 기브온이 여호수아와 이스라엘 자손과 더불어 화친하였음이니라 하매 _수 10:3~4

앞 장에서 잠깐 설명한 것처럼 기브온은 본래 가나안 땅의 족속이었습니다. 그런데 여호수아와 이스라엘 백성이 가나안을 정복하며 승승장구하니까 먼 나라에서 온 것처럼 행색을 속여서 여호수아에게 화친을 요구했습니다. 하나님께서 가나안에 속한 족속은 다 진멸하라고 하셨기 때문에 기브온은 화친을 맺으면 안 되는 대상이었습니다. 하지만 너무나 그럴듯한 거짓말로 꾸며 대는 바람에 천하의 여호수아도 속아서 그들을 멸하지 않기로 약속하고 화친을 맺었습니다. 3일이 지나서야 기브온이 자신을 속였다는 걸 알았지만 하나님의 이름으로 한 약속이기에 저버릴 수는 없었습니다. 기브온을 향해 왜 속였느냐고 화를 내며 영원히 이스라엘의 종이 되라고 했지만 그것으로는 직성이 안 풀렸을 것입니다.

생각해 보십시오. 모세가 떠난 후 말 안 듣는 이스라엘 백성을 이끌고 온갖 고생을 하며 드디어 가나안 땅에 들어왔습니다. 하나님이 명하신 대로 가나안 족속을 진멸하기 위해 강적 여리고를 무너뜨리고 대단한 아이 왕과 그 거민도 무찔렀습니다. 탐심으로 전리품을 취한 아간을 돌로 치며 내부의 적과도 싸워 승리했습니다. 그런데 한낱 거짓말에 속아서 가나안에 속한 기브온과 화친을 맺었으니 얼마나 분한 노릇입니까. 가나안 족속을 무조건 진멸하라고 하신 하나님의 명령에 오점을 남기고 이스라엘을 속인 기브온과 평생 함께 가야 한다니, 정말 꼴도 보기 싫었을 것입니다.

> 5 아모리 족속의 다섯 왕들 곧 예루살렘 왕과 헤브론 왕과 야르뭇 왕과 라기스 왕과 에글론 왕이 함께 모여 자기들의 모든 군대를 거느리고 올라와 기브온에 대진하고 싸우니라 6 기브온 사람들이 길갈 진영에 사람을 보내어 여호수아에게 전하되 당신의 종들 돕기를 더디게 하지 마시고 속히 우리에게 올라와 우리를 구하소서 산지에 거주하는 아모리 사람의 왕들이 다 모여 우리를 치나이다 하매 _수 10:5~6

그런데 한술 더 떠서 이스라엘을 속인 기브온이 찾아와 도움을 청합니다. 아모리 족속의 다섯 왕이 이스라엘과 화친했다는 이유로 기브온을 침략했다는 것입니다. 거짓말한 것도 간신히 용서하고 받아들였는데 아모리의 다섯 왕이라는 어려운 문제를 가지고 와서는 해결해 달라고 합니다.

돈도 날리고, 병에 걸리고, 직장에서 해고되고, 소송을 당하고, 오갈 데도 없어졌습니다. 듣기만 해도 골치 아픈 문제를 가지고 와서 살려 달라고 합니다.

"저를 용서하고 받아 주신다면서요. 제가 당신의 종 아닙니까? 이럴 때 당신이 나를 안 도와주면 누가 날 돕겠어요? 당연히 도와주실 거죠, 그렇죠?"

여호수아로서는 괜히 받아 줬다는 생각을 천 번도 만 번도 더 했을 것입니다. '어쩌다 이런 인간의 거짓말에 속아서 이 꼴 저 꼴을 다 본단 말이냐' 하며 자기 발등을 찍고 싶었을 것입니다.

기가 막힌 기브온의 요구를 통해 하나님은 여호수아의 진심을 물으십니다. 아모리 다섯 왕과 기브온 간에 발생한 전쟁이 이스라엘과 아무 상관도 없는 것 같지만, 하나님께서는 이 전쟁에서 나의 진심을 보기 원하십니다.

"너를 속인 기브온을 용서했다고? 정말 그 사람을 용

서했니? 진심으로 너를 속인 기브온을 받아들이고 함께 갈 수 있겠니? 기브온이 평생 속을 썩이고 네 도움을 요구해도 그들을 인정하고 사랑할 수 있겠니?"

그래서 기브온을 돕는 이 전쟁은 지금까지 한 어떤 전쟁보다 힘이 듭니다. 역사상 가장 큰 전쟁이고 어려운 전쟁입니다. 하나님 나라에 가는 그날까지 평생을 싸워야 할 믿음의 전쟁입니다.

용서하고 또 용서해도 문제를 일으키고 도움을 청하는 기브온 같은 배우자가 있습니다. 매사에 문제를 일으키고는 책임을 회피해 늘 뒤처리를 해 줘야 하는 기브온 같은 자녀가 있습니다. 아무리 퍼 주고 도와줘도 죽을 때까지 안 변할 것 같은 기브온 같은 식구들이 있습니다. 부담스럽고 피하고만 싶은 그들을 통해 하나님은 내게 물으십니다.

"일곱 번씩 일흔 번이라도 그들을 용서하고 책임질 수 있겠니? 내가 십자가 지는 사랑으로 너를 용서했듯이, 너를 속인 그 사람을 위해 십자가를 질 수 있겠니?"

하나님께서 나를 도우십니다

여호수아가 모든 군사와 용사와 더불어 길갈에서 올라가니라 _수 10:7

혼자 힘으로는 누군가를 용서할 수도, 도울 수도 없습니다. 여호수아는 모든 군사와 용사와 함께 길갈에서 올라갔습니다. 길갈이 어떤 곳입니까. 가나안에 들어올 때 요단강을 건너서 가장 먼저 진을 친 곳입니다. 열두 돌을 취해서 기념비를 세우고 하나님께서 애굽의 종 되었던 수치를 씻게 하신 곳입니다. 이스라엘 백성이 할례를 받고 유월절을 지킨 곳, 죽음이 물러가고 부활의 장소가 된 곳입니다. 하나님께서 군대 장관을 보내 여호수아를 만나 주시고 "네가 선 곳은 거룩하니라" 하고 약속의 말씀을 주신 곳입니다(수 4~5장).

힘든 전쟁 앞에서 우리는 각자의 길갈을 기억해야 합니다. 나의 죄와 수치를 사해 주신 곳, 나를 죽음 가운데서 구원하신 곳, 나에게 약속의 말씀을 주신 길갈의 간증을 기억해야 합니다. 나 같은 죄인을 살리신 주님의 은혜와 약속을 기억할 때 내 힘으로 할 수 없는 용서와 사랑을 해낼 수 있습니다.

절박한 상황에서 이혼만이 살길이라고 하는 최 집사에게 교회 지체들이 용사가 되어 주었습니다. 최 집사는 허리가 아프고 힘들어도 매주 예배와 목장예배에 참석했습니다. 목장 식구들과 한마음으로 말씀을 나누고 기도드렸습니다.

제일 먼저 말씀에 순종해서 이혼 소송을 취하했습니다. 돈이 없으면 없는 것에 순종하기로 했습니다. 어서 건강을 회복해서 무슨 일이든 하고 싶다고 기도드렸습니다. 남편이 떠넘긴 빚도 갚을 수 있다면 조금씩 갚아 가기로 마음먹었습니다. 기브온 같은 남편이지만 자신이 받은 하나님의 사랑으로 그를 도울 수 있기를 기도드렸습니다.

여호수아가 기브온을 돕기로 결단했을 때 모든 병사와 용사들이 함께한 것처럼, 최 집사의 전쟁에도 목장의 용사들이 함께했습니다. 대단한 사람도 아니고 거짓말하고 문제만 일으키는 기브온을 돕기 위해서 전심전력으로 한마음이 된다는 것은 하나님의 은혜가 아니면 할 수 없는 일입니다.

나한테 잘하는 배우자, 나한테 잘하는 부모를 돕는 것은 누군들 못 하겠습니까. 그들을 사랑하는 것을 누가 못 하겠습니까. 돕고 싶지도 않고, 도와 봤자 생색도 안 나는 그 사람을 돕는 일이기에 힘든 전쟁인 것입니다. 그래서 더욱 더불어 싸울 기도의 용사들이 필요합니다.

> 8 그때에 여호와께서 여호수아에게 이르시되 그들을 두려워하지 말라 내가 그들을 네 손에 넘겨주었으니 그들 중에서 한 사람도 너를 당할 자 없으리라 하신지라 9 여호수아가 길갈에서 밤새도록 올라가 갑자기 그들에게 이르니 10 여호와께서 그들을 이스라엘 앞에서 패하게 하시므로 여호수아가 그들을 기브온에서 크게 살륙하고 벧호론에 올라가는 비탈에서 추격하여 아세가와 막게다까지 이르니라 11 그들이 이스라엘 앞에서 도망하여 벧호론의 비탈에서 내려갈 때에 여호와께서

> 하늘에서 큰 우박 덩이를 아세가에 이르기까지 내리
> 시매 그들이 죽었으니 이스라엘 자손의 칼에 죽은 자
> 보다 우박에 죽은 자가 더 많았더라 _수 10:8~11

여호수아가 약속의 길갈을 기억하고 기브온을 돕고자 했더니 하나님께서 두려워 말라고 힘을 주십니다. "여호와께서 그들을 이스라엘 앞에서 패하게 하시므로" 여호수아가 승리를 거두었습니다. 용서할 수 없는 사람을 용서하고 그를 돕고자 할 때 하나님이 나를 도우십니다. 내 힘으로는 용서도 사랑도 돕는 것도 할 수 없지만, 내가 돕기로 마음먹고 기도만 드려도 백 퍼센트 응답해 주십니다.

이스라엘 역사상 가장 큰 전쟁, 아모리 다섯 왕과의 전쟁에서 칼에 죽은 자보다 우박에 죽은 자가 더 많았다는 것을 기억합시다.

내가 아무리 수고해도 칼로 물리칠 수 있는 것이 얼마나 되겠습니까? 내가 아무리 돈이 많은들 도와줄 수 있는 사람이 몇이나 되겠습니까? 내 힘으로 선행을 하고 구제를 한다 해서 몇 사람의 목숨을 구할 수 있겠습니까? 하나

님이 도와주셔야 합니다. 나의 칼과는 비교가 안 되는 하나님의 방법으로 돕는 것이 내가 살고 다른 사람도 살리는 길입니다.

전무후무한 백 퍼센트 응답 받은 기도

12 여호와께서 아모리 사람을 이스라엘 자손에게 넘겨주시던 날에 여호수아가 여호와께 아뢰어 이스라엘의 목전에서 이르되 태양아 너는 기브온 위에 머무르라 달아 너도 아얄론 골짜기에서 그리할지어다 하매 13 태양이 머물고 달이 멈추기를 백성이 그 대적에게 원수를 갚기까지 하였느니라 야살의 책에 태양이 중천에 머물러서 거의 종일토록 속히 내려가지 아니하였다고 기록되지 아니하였느냐 14 여호와께서 사람의 목소리를 들으신 이 같은 날은 전에도 없었고 후에도 없었나니 이는 여호와께서 이스라엘을 위하여 싸우셨음이니라 _수 10:12~14

전에도 없었고 후에도 없었던, 전무후무한 하나님의 응답이 여기에 나옵니다. 대단한 믿음의 인물을 위해서 드린 기도가 아니었습니다. 중요한 위인을 구하겠다고 드린 기도도 아니었습니다. 여호수아를 속인 기브온, 이스라엘의 종이 된 비천한 이방인 족속을 구하기 위해 기도를 드렸더니 여호와께서 사람의 목소리를 들으신 이 같은 날은 전에도 없었고 후에도 없었습니다(수 10:14).

여호수아의 기도는 태양이 머물고 달이 멈추기를 구하는, 기적을 구하는 기도였습니다. 가시적으로 기적을 보여 달라는 강력한 기도였습니다. 여호수아의 마음이 얼마나 급했으면 이런 기도를 드렸겠습니까.

그런데 자기 자신을 위해서가 아니라 기브온을 위해서 이런 기도를 드렸다는 것이 중요합니다.

우리가 육적인 응답을 구하는 기도를 드려야 할 때가 있습니다. 바로 나를 위해서가 아니라 나를 속인 자를 돕기 위해 기도할 때 가시적인 응답도 구할 수 있습니다.

"주님, 남편이 저를 속이고 아프게 했어도 이제라도

예수님을 영접하고 구원 받기를 원합니다. 남편이 예수님을 믿도록 저의 병을 낫게 해 주세요."

"하나님, 평생 저를 괴롭히고 힘들게 하는 사람이지만 그 사람도 하나님을 만나서 살아나기를 원합니다. 그가 살아 계신 하나님을 인정할 수 있도록 망해 가는 사업을 회복시켜 주세요."

가시적인 응답을 구하는 절박한 기도는 나 때문에 하는 것이 아니라 '너' 때문에 하는 것입니다. 그것도 '사랑스러운 너, 고마운 너'가 아니라 '나를 속인 너, 용서할 수 없는 너, 사랑할 수 없는 너'를 위해서 하는 것입니다.

"백성이 그 대적에게 원수를 갚기까지"(수 10:13) 태양이 머물고 달이 멈추었습니다. 어떤 원수를 갚은 것이겠습니까? 기브온을 돕고 싶지 않은 그 마음이 내 속의 원수입니다. 말로만 용서한다고, 사랑한다고 하고 싶지 그 사람을 위해서 내 돈, 내 시간, 내 정성을 쏟고 싶지 않은 마음이 우리가 싸워야 할 원수입니다.

나를 속인 남편이 원수가 아닙니다. 사업을 한다면서

억대의 빚을 지고 있는데, 거기에는 관심도 없이 돈만 가져다주기를 바랐던 내 욕심이 원수입니다. 하나님께서는 나의 기브온을 통해 내 속의 원수를 깨닫고 물리치기를 원하십니다. 태양이 머물고 달이 멈추는 것보다 더 큰 기적은 내 속의 원수를 깨닫고 회개하는 것입니다. 내가 속임을 당하고 도움을 베푸는 입장이라도 먼저 내 죄를 보고 회개하는 것이 전무후무한 하나님의 응답입니다.

이혼을 철회하고 빚을 갚아 가기로 결단한 최 집사에게 하나님의 응답이 임했습니다. 말씀을 듣고 묵상하면서 억울하고 막막하기만 했던 심정이 팔짝팔짝 뛰고 싶은 기쁨으로 변했다고 했습니다. 남편이 문제가 아니라 하나님의 영광을 만방에 알리지 못할까 봐 그것이 고민이라고 했습니다. 미움과 원망으로 죽어 가던 자신이 살아난 이야기를 가족과 친구들에게 전했습니다.

가장 먼저 동서가 전도됐습니다. 누구보다 어려운 관계가 시댁의 동서지간인데 최 집사의 변화가 동서를 감동시켰습니다. 동서와 한마음이 되어 다른 가족을 위해 기도

드렸습니다. 그랬더니 놀라운 연락이 왔습니다. 남편이 떠안기고 간 빚을 시댁에서 갚아 주겠다는 것입니다. 할렐루야!

매일 큐티하고 기도드리고 목장예배, 공예배에 참석하면서 절제하는 삶을 사니 허리도 회복되었습니다. 교회에 온 지 9개월 만에 간호사로 복직이 됐습니다. 그때 이혼을 했다면 가정도 잃고 직장도 잃고 본인 이름으로 진 빚을 갚아야 했을 것입니다. 그런데 힘들어도 가정을 지키기로 결단했더니 인간의 능력을 뛰어넘는 응답을 주셨습니다.

하나님께서는 "사람의 목소리"(수 10:14)를 듣고 응답하십니다. 사람이 하나님께 기도할 때만큼 아름다운 목소리는 없습니다. 목소리는 이럴 때 쓰는 것입니다. 내 주장을 내세우고, 배우자를 원망하면서 신세 한탄할 때 쓰는 게 아닙니다. 나의 기브온을 위해 기도할 때, 기브온을 살리기 위해 부르짖을 때 쓰는 것입니다. 내가 변하지 않은 채 기도 응답을 받겠다고 새벽기도, 철야기도, 산기도 열심히 다녀 보십시오. 소나무 몇 뿌리쯤 뽑아 보십시오. 그런다고 해와 달이 멈추지 않습니다.

　　내가 용서할 수 없는 사람을 용서하고, 그 사람에게 복을 베풀어 달라고 기도할 때 백 퍼센트 응답을 받을 수 있습니다. 나의 기브온을 위해 기도할 때 하나님께서 나의 목소리를 들으십니다. 전무후무한 백 퍼센트 응답으로 나를 위해 싸워 주시고 나와 우리 가정에 복을 주십니다.

내 힘으로는 용서도 사랑도 돕는 것도 할 수 없지만,
내가 돕기로 마음먹고 기도만 드려도
백 퍼센트 응답해 주십니다.

내 마음 들여다보기

Q. 나를 속인 배우자와 가족 때문에 곤욕을 당한 적이 있습니까? 억울한 상황에서 어떤 기도를 드리십니까?

....
....
....
....
....
....

Q. 내 삶 속에 기브온과 같은 존재는 누구입니까? 나의 기브온이 도움을 요청할 때 어떻게 대응하십니까?

....
....
....
....
....
....

Q. 하나님은 나의 기브온을 통해 내 속의 원수를 깨닫고 물리치기를 원하십니다. 내 속의 원수는 구체적으로 무엇입니까?

Part 7

결혼을 지켜야 하는
일곱 번째 이유

_창세기 18:10~15, 21:1~6

고난을 축복으로
바꾸기 위해

우리들교회에는 이름도 고상한 '민사라' 집사가 있습니다. 본명은 아니고 창세기에 등장하는 아브라함의 아내 사라에게서 빌려 온 이름입니다. '사라'는 '공주'라는 뜻인데 민 집사 역시 공주 같은 외모에 남부러울 것 없는 사모님입니다. 그러나 성경을 자세히 읽어 본 사람이라면 사라의 삶은 동화 속 공주와는 차원이 다른 인생이었음을 알 수 있습니다. 그럼에도 사라가 여러 민족의 어머니로 길이 기억되는 이유는 무엇일까요? 민 집사는 어째서 '사라'라는 이름을 갖게 되었을까요?

하나님을 비웃었던 사라

10 그가 이르시되 내년 이맘때 내가 반드시 네게로 돌아오리니 네 아내 사라에게 아들이 있으리라 하시니 사라가 그 뒤 장막 문에서 들었더라 11 아브라함과 사라는 나이가 많아 늙었고 사라에게는 여성의 생리가 끊어졌는지라 12 사라가 속으로 웃고 이르되 내가 노쇠하였고 내 주인도 늙었으니 내게 무슨 즐거움이 있으리요 _창 18:10~12

아브라함은 하나님께서 택하고 부르신 믿음의 조상입니다. 하나님은 약속의 땅 가나안으로 그를 인도하시고 "내가 너로 큰 민족을 이루고 네게 복을 주어 네 이름을 창대하게 하리니 너는 복이 될지라"(창 12:2)고 약속해 주셨습니다.

하지만 큰 민족을 이뤄야 할 아브라함과 부인 사라 사이에 아이가 태어나지 않았습니다. 사라는 아이를 기다리다 지쳐 몸종 하갈을 들여서 다른 아들(이스마엘)을 낳기도

했습니다. 그러나 이스마엘은 하나님께서 말씀하신 약속의 자녀가 아니었습니다. 하나님은 분명히 "내 언약은 내가 내년 이 시기에 사라가 네게 낳을 이삭과 세우리라"(창 17:21)고 말씀하셨기 때문입니다.

그렇게 분명한 약속을 받았어도 아브라함과 사라의 나이가 많아 늙었으므로 믿고 기다리기 힘들었을 것입니다. 더구나 사라는 생리가 끊어져 현실적으로 임신이 불가능한 상태였습니다. "내게 무슨 즐거움이 있으리요" 한 것은 부부간에 성생활의 즐거움도 끊어졌다는 뜻입니다. 이런 상황에서 아들을 낳는다고 하면 정말 속으로 웃을 노릇입니다. 하나님께서 하신 말씀이니 대놓고 웃지는 못하고, 공주 사라는 교양 있게 속으로 비웃었습니다.

우리 교회의 민사라 집사도 주님을 비웃은 일이 있었다고 합니다. 민 집사는 믿음의 청년인 남편을 만나서 성경에 손을 얹고 결혼했습니다. 교회에서 손꼽히는 그림 같은 커플이었고, 모두가 부러워하는 믿음의 부부였습니다.

그러나 민 집사의 남편에게는 끊지 못하는 음란의 문

제가 있었습니다. 겉모습은 존경 받는 번듯한 의사였으나 다른 한편에서는 반복적으로 상대를 바꿔 가며 바람을 피웠습니다. 그러더니 네 번째 외도에서는 상대 여자를 임신시키기까지 했습니다. 민 집사와의 사이에는 딸 둘이 있었는데 바람을 피운 여자에게서는 아들을 낳았습니다.

없던 아들이 생겨서인지 그동안은 단순한 바람에 지나지 않았던 남편이 달라졌습니다. 새 아파트를 장만해서 시부모님을 모시고 살 예정이었는데 입주하는 날 시부모님과 남편은 아들과 그 아이 엄마를 데리고 새 아파트에 들어갔습니다. 그러고는 민 집사를 밀어내기 시작했습니다.

비참하고 힘든 상황이었지만 민 집사는 큐티 모임에 열심히 참석하면서 힘을 얻었습니다. 자존심을 내려놓고 남편의 외도를 오픈하며 가정을 지키기 위해 인도함을 받았습니다. 그리고 남편의 잘못 이전에 하나님 앞에서 저지른 자신의 죄를 고백했습니다.

"목사님, 남편이 바람을 피웠어도 먼저 내 죄를 봐야 한다고 하셨는데 저는 정말 그게 어려웠어요. 죄인 줄 알면서도 제 자존심 때문에 감추고만 싶었어요. 사실은 남편이 네 번째 여자에게서 아들을 낳기 전에 제가 임신을 했습니다. 그때 제 나이가 40대 중반이고 큰애의 대학 입시 준비로 정신이 없었는데 갑자기 임신이라니 당황스럽기만 했지요. 왜 하필 이런 때 아이를 주시냐고, 이 나이에는 아이를 낳고 기르는 일보다 주의 일을 열심히 해야 되지 않느냐고 말도 안 되는 원망을 했어요. 그리고 없었던 일처럼 낙태를 하고 말았습니다."

정말 없었던 일이기를 바라며 애써 잊어버렸던 일을 고백하면서 민 집사는 하나님 앞에 할 말이 없다고 했습니다.

"남편이 다른 여자에게서 아들을 낳았다고 했을 때 낙태했던 죄가 제일 먼저 생각났습니다. 하나님이 주신 생명인데, 그 생명을 귀하게 여기지 않고 마음대로 낙태를 했으니 다른 배에서 태어나게 하셨구나. 장막 뒤에 숨어서 속으로 웃었던 사라처럼 지금까지 바람피운 남편이 가해자이고 저는 피해자라며 남편의 죄 뒤에 숨고 싶었습니다. 그런데 말씀을 볼수록 제가 남편보다 더한 죄인이라는 걸 알았습니다. 저는 정말 하나님 앞에 할 말이 없는 죄인입니다."

사라는 인간적인 생각에 갇혀서 하나님의 약속을 신뢰하지 못했습니다. 그래서 뒤늦게 아들을 주신다는 하나님의 약속을 속으로 비웃고 말았습니다. 민 집사 역시 남편의 외도를 용서하고 구원을 위해 순종한다고 했지만, 그 가정에 주신 하나님의 약속은 깨닫지 못하고 있었습니다.

하나님은 남편의 외도를 끊는 것보다 민 집사 자신이 변하기를 원하셨습니다. 세상의 공주로 고상하게 사는 것보다 자신의 고난을 통해 다른 사람을 전도하고 생명을 낳는 여러 민족의 어머니, 진정한 사라가 되기를 원하셨습니다. 그런데 여전히 남편이 변하는 것만 목적이었기에 하나님께서 주신 생명의 의미를 깨닫지 못하고 자기 판단대로 낙태를 한 것입니다.

과연 사라가 형편없고, 민 집사가 부족한 사람이어서 그런 것입니까?

오늘 내 모습도 마찬가지입니다. 오랫동안 신앙생활을 하고 하나님을 믿는다고 하면서도, 우리 속에는 하나님의 약속을 비웃는 불신의 모습이 있습니다. 내 지식과 내 기준으로 옳고 그름을 따지면서 하나님의 능력을 제한시키는 것이 하나님을 비웃는 것입니다.

세상의 공주에서 하나님의 공주로

13 여호와께서 아브라함에게 이르시되 사라가 왜 웃으며 이르기를 내가 늙었거늘 어떻게 아들을 낳으리요 하느냐 14 여호와께 능하지 못한 일이 있겠느냐 기한이 이를 때에 내가 네게로 돌아오리니 사라에게 아들이 있으리라 15 사라가 두려워서 부인하여 이르되 내가 웃지 아니하였나이다 이르시되 아니라 네가 웃었느니라 _창 18:13~15

그럼에도 너무나 다행인 것은 하나님께서 우리의 속마음을 다 알고 계신다는 사실입니다. 전지전능하고 무소부재하신 하나님은 장막 뒤에 숨어서 속으로 웃었어도 내 진심이 어떤지를 빤히 보고 계십니다. 이제라도 "제가 웃었습니다. 하나님, 용서해 주세요" 하면 될 것을 여전히

"내가 웃지 않았습니다"라고 하는 사라를 안타깝게 바라보십니다. 사라를 끝까지 포기하지 않으시기에 "네가 웃었느니라" 하고 단호하게 책망하십니다. 내 죄를 드러내고 인정하게 하시는 것이 우리를 포기하지 않으시는 하나님의 사랑입니다.

능치 못할 일이 없으신 하나님을 믿는다는 것은 하나님 앞에 내가 죄인임을 인정하는 것입니다. 내 죄를 깨닫고 그 죄를 사하신 예수 그리스도를 믿는 것이 구원의 시작입니다. 그런데 세상에서 왕자, 공주과(科)에 속하는 사람일수록 자기 죄를 인정하기가 어렵습니다. 어렵다 못해 거의 불가능합니다. 부족한 것 없는 환경에서 부모 사랑, 남편(아내) 사랑을 넘치게 받는 사람이 뼈저리게 죄를 깨달을 수 있겠습니까? 성경을 보면서 날마다 자기 죄 때문에 눈물로 애통할 수 있겠습니까?

20년 넘게 큐티 모임을 하는 동안 눈물로 죄를 고백하며 하나님의 은혜를 사모하는 이들은 늘 힘들고 어려운 분들이었습니다. 그분들을 통해 "죄가 더한 곳에 은혜가 더욱 넘쳤나니"(롬 5:20) 하신 말씀을 생생하게 경험했습니다. 공주, 왕비처럼 사는 분들은 고난으로 낮아지기 전에는 하나님 앞에 엎드리기가 어렵습니다.

그래서 참으로 고난은 축복입니다. 오랜 불임의 고난이 있었기에 사라도 믿음의 현주소가 드러났습니다. 믿음의 조상 아브라함의 아내로, 잘 살고 있던 갈대아 우르를 떠나 가나안까지 힘든 여정을 함께했습니다. 남편이 자기 목숨을 지키겠다고 사라를 누이라고 속여서 애굽의 바로에게 보냈을 때도 묵묵히 순종한 사라였습니다(창 12:10~20). 그래서 너무나 믿음이 좋은 줄 알았지만 결정적일 때 사라가 하나님을 신뢰하지 못한다는 것이 드러났습니다.

한 강사가 행복에 관해 강의하는 것을 방송에서 본 적이 있습니다. 그분이 말하기를, 사람은 네 종류가 있다고 합니다. 첫째는 섬김만 받기 원하는 왕자·공주·왕비과(科), 둘째는 철저하게 계산적인 Give & Take과(科), 셋째는 남을 배려해 주는 사람, 넷째는 '명품족'입니다.

어떤 사람이 명품족입니까? 남들 앞에서 망가질 줄 아는 푼수 같은 사람을 명품족이라고 합니다. 배려해 주는 사람도 훌륭하지만 배려만으로는 남을 살릴 수 없습니다. 그러나 자진해서 푼수가 되고 망가지면 남을 살릴 수 있습니다. 강사는 그런 사람을 가리켜 '명품족'이라고 했습니다. 그 강사 역시나 자신의 망가진 이야기를 너무나 솔직하게 하면서 사람들을 사로잡는 명품족이었습니다.

남들의 부러움을 한 몸에 받던 민 집사가 남편의 외도를 오픈하고 자신의 낙태 죄를 고백하기까지 얼마나 힘들었겠습니까. "나는 웃지 않았다"고 얼마나 부인하며 감추고 싶었겠습니까. 그러나 남편이 밖에서 아들을 낳음으로 고난과 수치가 드러난 것이 민 집사에게는 축복이었습니다.

> 1 여호와께서 말씀하신 대로 사라를 돌보셨고 여호와께서 말씀하신 대로 사라에게 행하셨으므로 2 사라가 임신하고 하나님이 말씀하신 시기가 되어 노년의 아브라함에게 아들을 낳으니 3 아브라함이 그에게 태어난 아들 곧 사라가 자기에게 낳은 아들을 이름하여 이삭이라 하였고 4 그 아들 이삭이 난 지 팔 일 만에 그가 하나님이 명령하신 대로 할례를 행하였더라 5 아브라함

이 그의 아들 이삭이 그에게 태어날 때에 백 세라 6 사라가 이르되 하나님이 나를 웃게 하시니 듣는 자가 다 나와 함께 웃으리로다 _창 21:1~6

하나님은 약속을 변개(變改)하지 않으십니다. 말씀을 주신 하나님은 그 말씀대로 이루시고 하나님의 전능하심을 나타내십니다. 사라가 하나님을 신뢰하지 못했어도 하나님은 그녀를 돌보시고 말씀대로 이삭을 낳게 하셨습니다. 연약함으로 하나님을 비웃었던 사라의 웃음이 하나님의 은혜에 화답하는 진정한 웃음으로 바뀌었습니다.

어떤 상황에서도 우리를 살리는 것은 하나님의 말씀입니다. 하나님께서 '말씀대로' 돌보시고 '말씀대로' 행하실 때 우리의 고난이 축복으로 바뀌고 진정으로 웃을 수 있습니다. 민 집사가 어려움 속에서도 말씀을 붙잡았기에 하나님께서 말씀대로 돌보시고 말씀대로 행하시는 응답을 받았습니다.

민 집사의 남편은 교회에 다니면서도 새 아파트에 여

자와 아이를 들여놓고 두 집 살림을 끊지 못했습니다. 민 집사는 두 집 살림을 해도 좋으니 우리들교회의 제자훈련만 받아 달라고 사정했습니다. 어떻게든 말씀을 듣게 하려고 일주일에 하루만 시간을 내서 제자훈련에 참석하자고, 그 후에도 마음이 안 바뀌면 이혼을 해 주겠다고 했습니다.

그런데 일주일에 하루만 시간을 내기로 했던 약속은 자연스럽게 남편의 일상을 변화시켰습니다. 제자훈련 숙제 때문에라도 남편은 일주일 내내 예배에 참석하고 성경을 들여다보게 됐습니다. 일주일에 하루만 시간을 내면 나머지는 다 양보하겠다고 했는데 월요일 제자훈련, 수요일 예배, 금요일 목장예배, 주일예배까지 일주일에 나흘을 교회에 나왔습니다.

그리고 32주의 제자훈련 중 27주차에서 한나가 귀한 아들 사무엘을 엘리 제사장에게 맡기는 본문(삼상 1:20~28)이 묵상 과제로 주어졌습니다. 그 말씀으로 민 집사의 남편이 깨졌습니다. 아들을 지킨다는 명목으로 두 집 살림을 하는 것이 사랑이 아니라 집착임을 깨달았습니다. 그 아이를 하나님께 맡기고 하나님의 뜻대로 가정을 지키는 것이 하나님이 원하시는 사랑임을 알게 됐습니다.

남편은 최선을 다해 양육비를 보내고 지원하되 여자와의 모든 관계를 정리하고 가정으로 돌아왔습니다. 여자와 아이도 주님이 만나 주시기를 기도하며, 지난날 자신의 죄를 회개하고 자진하여 간증까지 하게 되었습니다.

세상의 관점에서 보면 이미 망가질 대로 망가진 부부 관계지만 민 집사 부부는 우리들교회에서 스타 중의 스타입니다. 이제는 매주 새가족 모임에서 부부가 나란히 간증을 하면서 많은 이들에게 은혜를 끼치고 있습니다. 부부가 목자가 되어 목장을 인도하고 어느 때보다 서로를 사랑하고 감사하며 살아가고 있습니다. 자신들이 망가짐으로써 한 사람이라도 살아날 수 있다면, 한 가정이라도 이혼을 막을 수 있다면 그것이 최고의 복이라고 고백합니다.

민 집사 부부가 세상의 왕자 공주로 체면을 지키면서 죄를 숨기고 살았다면 짝퉁 명품으로 인생을 살았을 것입니다. 그러나 하나님 앞에 수치와 죄를 드러내고 망가짐으로 다른 사람을 살리는 진정한 명품이 되었습니다.

외도 문제로 이혼을 결심한 사람들이 있으면 민 집사

의 목장으로 보내 간증을 들려줍니다. 누구보다 이혼하고 싶어 했던 분이기에 누구보다 이혼을 막을 수 있는 능력을 갖게 되었습니다. 고난이 축복으로 바뀌어 언제 내려올지 모르는 세상의 공주에서 영원한 하나님 나라의 공주가 되었습니다. 하나님을 신뢰하지 못했던 부족한 사라에서 예수 그리스도의 생명을 낳는 여러 민족의 어머니 사라로, 이름만 고상한 '민사라'가 아니라 하나님께서 기뻐하시는 '민사라' 집사로 아름답게 거듭났습니다.

내 마음 들여다보기

Q. 신앙생활을 하는 동안 하나님의 약속을 비웃은 불신의 모습이 있었습니까? 내 지식과 내 기준으로 하나님을 제한한 것은 무엇입니까?

....
....
....
....
....

Q. 체면 때문에, 자존심 때문에, 사람들의 시선이 두려워서 내 죄를 고백하지 못하고 숨긴 적은 없습니까?

....
....
....
....
....

Q. 하나님 앞에 수치와 죄를 드러내고 망가지면 다른 사람을 살리는 명품 인생이 됩니다. 내가 망가지는 헌신으로 고난이 축복으로 바뀌고 다른 사람도 살리는 것을 믿습니까?

Part 8

결혼을 지켜야 하는
여덟 번째 이유

_느헤미야 3:13~15

별 인생이
없기에

저는 매주 설교 때마다 "이혼은 안 된다"고 부르짖습니다. 그럼에도 우리들교회에는 이혼한 분들이 많이 찾아옵니다. 하나님이 이혼을 원하지 않으신다고 해서 이혼한 사람을 함부로 판단해서는 안 됩니다. 이혼을 안 했다고 의인이 되는 것도 아니고 이혼을 했다고 죄인이 되는 것도 아닙니다.

바람을 피운 남편이 이혼을 요구해도 먼저 내 죄를 보고, 나 같은 죄인 살리신 하나님의 은혜를 생각함으로 남편을 용서하는 것이 가정을 지키는 길입니다.

그런데 이혼을 안 하는 이유가 나의 집착과 자존심 때

문이라면, 그것은 하나님이 원하시는 방법이 아닙니다. 이혼을 안 해야 하나님이 복 주실 것 같다는 기복적인 이유 때문에 이혼을 안 한다면 그것 역시 잘못된 모습입니다. 이혼 안 하는 것 자체를 우상처럼 여기지 말고 내 속에 어떤 마음이 도사리고 있는지를 솔직하게 들여다보기 바랍니다. 끈질기게 이혼을 요구하는 배우자를 보면서, 역시 끈질기게 변하지 않는 나의 악한 모습을 깨달아야 합니다.

"우리들교회에 네 번만 와서 예배를 드리면 이혼해 주겠다"는 말은 내가 먼저 말씀으로 변화되고 내 죄를 깨달았을 때 할 수 있는 말입니다. 무슨 도박이라도 하듯이 당장 배우자가 변하기를 바라면서 그냥 던져 보는 말이 아닙니다. 와서 예배를 드리라고 권하려면 먼저 변화된 나의 삶을 증거로 보여 줘야 합니다. 상대를 탓하지 않고 내 죄를 회개하는 모습, 내 죄를 인정하기에 상대방의 어떤 것도 용서하는 모습이 삶으로 나타나야 합니다.

변화된 나를 보고 상대방이 마음을 돌이킬 수도 있고, 그러지 않을 수도 있습니다. 실제로 어느 집사님의 남편은 네 번의 예배를 드리고도 끈질기게 이혼을 요구해 어쩔 수 없이 이혼을 당해야 하는 상황이 되었습니다. 하지만 집사님은 3년 동안 말씀으로 준비되었기에 이제는 어떤 앙금이나 상처 없이 이혼할 수 있을 것 같다고 말합니다. 하나님의 뜻을 구하며 가정을 지키려고 최선을 다했기 때문에 이혼을 하든 안 하든 자유함을 갖게 됐습니다.

눈물 골짜기를 지나

구약의 느헤미야서는 바벨론 포로로 잡혀갔다가 돌아온 이스라엘 백성들이 예루살렘 성벽을 재건하는 내용입니다. 느헤미야 강해 설교를 하면서 예루살렘 성전의 재건을 가정의 회복에 적용해서 메시지를 전한 적이 있었습니다. 그중에서 느헤미야 3장은 성벽 곳곳에 있는 성문들을 보수하고 건축하는 내용입니다. 예수 그리스도를 의미하는 양문 건축을 시작으로, 사람을 낚는 어부로 전도의 열매를 거둬들이는 어문, 고정관념을 새롭게 하는 옛문 중수까지, 신분과 혈통, 직업을 초월해서 헌신한 사람들이 하나님의 성전을 짓고 성별(聖別)되어 갑니다.

> 골짜기 문은 하눈과 사노아 주민이 중수하여 문을 세우며 문짝을 달고 자물쇠와 빗장을 갖추고 또 분문까지 성벽 천 규빗을 중수하였고 _느 3:13

옛문을 지나 뜨거운 고난의 풀무 망대를 지나면 그다음에는 골짜기 문이 기다리고 있습니다. 험악한 골짜기 문에서 배설물, 쓰레기 등을 버리는 분문까지가 성문 사이의 간격 중에서 가장 긴 일천 규빗입니다. 그 긴 성벽을 누가 중수합니까? 하눈과 사노아 주민입니다.

'하눈'은 '은혜로우시다'라는 뜻이고 '사노아'는 '역겹고 혐오스럽다, 평판이 나쁘다'라는 뜻입니다. 역겹고 혐오스럽고 평판도 나쁜 사람과 함께 가면서 내 인생이 은혜롭게 됩니다. 음란과 거짓말로 역겹고 혐오스러운 배우자, 문제아로 평판이 나쁜 자녀, 그들과 험난한 골짜기 문에서 분문까지 일천 규빗을 중수하면서 저절로 하나님의 은혜를 사모하게 됩니다.

서 집사는 두 번의 결혼과 두 번의 이혼을 경험한 분입니다. 대학교 1학년 때 고등학교 교사인 남편을 만나 '사고'를 쳤습니다. 그래서 일찍 결혼했는데 알고 보니 남편은 심한 우울증을 앓고 있었습니다. 아들딸을 낳고 10년을 살았지만 늘 우울한 남편을 견딜 수 없어서 이혼을 했습니다. 그리고 얼마 후, 자신을 너무나 사랑해 주는 돈 많은 남자를 만나 '불행 끝, 행복 시작'인가 싶어 얼른 재혼을 했습니다. 그런데 돈이 많은 그 남편은 알코올중독자였습니다. 겪어 보니 우울증보다 훨씬 더 힘든 것이 알코올중독이었습니다. 돈이 아무리 많아도 도저히 못 살겠다고 두 번째 남편과도 이혼했습니다.

우울증, 알코올중독인 배우자가 힘들어도 우리는 하나님께서 허락하신 처음 십자가를 잘 지고 가야 합니다. 힘든 남편을 떠난다고 자유로워질까요? 잠시 육신은 편할지 몰라도 이혼도 재혼도 또 다른 형태의 구속일 뿐입니다. 돈 없는 남편이 싫어서 돈 많은 남자를 만나고, 못생긴 남편이 싫어서 잘생긴 남자를 찾아간다면 거기에 행복이 있겠습니까? 지금의 배우자가 싫어서 이혼을 하면 또 다른 어떤 사람을 만나도 견디기 힘들기는 마찬가지입니다. 황금 십자가가 화려해 보인다고 나무 십자가를 내려놓고 황금 십자가로 바꿔 지면 무거워서 쓰러지고 맙니다. 좋은 향기가 난다고 장미 십자가로 바꿔 지면 가시에 찔려 피를 흘리게 됩니다.

재혼이 또 다른 행복을 줄 것 같아도 '불행한 나'와 '불행한 너'가 만나면 '불행한 우리'밖에 안 됩니다. 돈 없고 외롭다고 다른 사람 찾아다니지 말고 돈 없고 외로운 그 환경에서 나에게 허락된 일천 규빗을 잘 중수해야 합니다.

기나긴 일천 규빗을 지나는 동안 혐오스러운 사노아 가족과 함께 가면서 내가 하나님의 은혜를 사모하는 하눈이 됩니다. 십자가의 고난이 없이는 부활의 영광도 없습니다.

결혼의 십자가를 지고 가는 눈물 골짜기가 아무리 험해도, 내게 주신 처음의 십자가를 잘 지고 갈 때 하나님께서 부활의 길로 인도하십니다. 골짜기 문에서 분문까지 십자가를 지고 가는 일천 규빗이 하나님의 은혜를 덧입는 영광과 축복의 길입니다.

별 인생이 없는 이 땅에서
별을 나눠 주는 인생으로

분문은 벧학게렘 지방을 다스리는 레갑의 아들 말기야가 중수하여 문을 세우며 문짝을 달고 자물쇠와 빗장을 갖추었고 _느 3:14

벧학게렘 지방은 포도원이 많은 곳입니다. 그 지방의 통치자 레갑의 아들이 가장 더러운 분문(糞門)을 중수했습니다. 극상품 포도주를 만들기 위해서는 포도가 밟혀야 하듯이, 분문에서 밟히는 훈련을 해야 통치자로서 리더십을 갖게 됩니다. 험한 골짜기를 지나 가장 낮은 자리에 처하면서 점점 더 하나님의 뜻을 알아 가고 하나님이 원하시는 성전으로 지어져 갑니다.

이혼과 재혼으로 눈물 골짜기를 지나온 서 집사에게는 자녀로 인한 분문의 훈련이 기다리고 있었습니다. 엄마의 이혼과 재혼을 고스란히 겪어야 했던 맏딸이 엄마와 같은 길을 걸어서 어린 나이에 사고를 치고 결혼을 했습니다. 그러더니 결혼 1년 만에 "사네 안 사네" 하면서 엄마의 속을 태웠습니다. 아들도 툭하면 사고를 쳐서 문제가 끊이지 않습니다. 서 집사가 가사 도우미를 하며 겨우 살림을 꾸려 가는데 아들이 진 카드 빚 200만 원 때문에 치매 노인을 간병하는 일까지 하게 되었습니다. 치매 노인의 대소변을 받아 가며 문자 그대로 분문까지 낮아지는 경험을 하게 된 것입니다.

    서 집사는 원래 비위가 약해서 조금만 역해도 견디지 못했습니다. 그런데 놀랍게도 간병인으로 일하면서는 대소변을 받아 내는 일이 전혀 힘들지 않았습니다. 냄새도 더러움도 느껴지지 않았습니다. 그 이유는 어떤 상황에서도 숨통을 틔워 주시는 하나님의 말씀이 있고 예배가 있기 때문이라고 했습니다. 돈 만 원이 아쉬운 처지이지만 목장 예배를 드리는 금요일은 일을 쉬고 예배에 참석합니다. 속 썩이는 아들딸까지 끌고 와 예배를 드립니다.

    서 집사에게 처음부터 말씀이 있었다면 첫 번째 남편과 이혼하지 않았을 것입니다. 하지만 괜찮습니다. 두 번 이혼했으면 어떻습니까. 두 번의 이혼으로 삶은 고단해졌지만 그 때문에 집사님과 자녀들이 믿음을 갖게 됐습니다. 딸도 주일예배, 목장예배를 꾸준히 드리면서 이혼 결심을 돌이켰습니다. 아들도 청소년 큐티 캠프에 자발적으로 참여하며 엄마에게 고마워합니다.

> 샘문은 미스바 지방을 다스리는 골호세의 아들 살룬이 중수하여 문을 세우고 덮었으며 문짝을 달고 자물쇠와 빗장을 갖추고 또 왕의 동산 근처 셀라 못가의 성벽을 중수하여 다윗 성에서 내려오는 층계까지 이르렀고 _ 느 3:15

힘든 골짜기와 분문을 중수하고 나면 생수가 솟아나는 샘문에 이르게 됩니다. 마르지 않는 생수이신 예수님으로 인해 다른 사람들에게 생명을 나눠 주는 사명자가 됩니다.

하나님은 낮아짐의 분문에 있던 우리가 샘문의 사명으로 나아가기를 원하십니다. 예수 그리스도의 생명을 전하는 사명자로 나를 세우시려고 인생의 때마다 눈물 골짜기를 지나게 하십니다.

    가난한 사람을 돕는 최고의 사역자로 노벨평화상을 받은 테레사 수녀가 말년에 주님을 만나지 못한 공허와 두려움을 고백했다고 합니다. 온 세상의 인정과 존경을 받아도 예수님으로 이어지지 않는 사명은 헛된 것입니다. 가난한 사람들과 함께하는 것보다 위대한 사명이 오늘 내게 주신 가족을 섬기며 구원으로 인도하는 것입니다. 우울증, 알코올중독, 폭력과 가출, 온갖 중독과 질병으로 힘든 가족을 내 십자가로 지고 순종하는 것입니다.

    그래서 이혼하지 않고 사는 여러분이야말로 노벨평화상보다 더 큰 상을 받을 만합니다. 대소변을 받아 내고 무시와 조롱을 받는 분문에서 영혼 구원을 위한 사명의 샘문으로 나아가는 여러분이 테레사 수녀보다, 어떤 노벨상 수상자보다 위대합니다.

    이 땅에서는 별 인생이 없습니다. 노벨상을 받아도, 돈과 명예, 예쁜 외모를 가져도 그것으로 나 자신을 구원할 수 없습니다. 돈으로 도와주고 아름다운 외모로 잠시

기쁨을 줄 수는 있겠지만, 거기에 예수 그리스도의 생명이 없다면 모두가 지옥으로 가는 인생일 뿐입니다.

제가 이다지도 이혼을 막으려고 애쓰는 것은 저의 결혼생활이 행복했기 때문이 아닙니다. 저 역시 살면서 이혼하고 싶은 순간이 헤아릴 수 없이 많았습니다. 고된 시집살이와 무서운 남편 밑에서 결혼의 고난을 진하게 겪었습니다. 저야말로 누구보다 이혼하고 싶고, 죽고 싶은 사람이었습니다. 제게 자살할 용기가 없다는 것이 자존심 상할 정도였습니다. 그러나 이혼하지도 않고 죽지도 않고 살았더니 하나님께서는 저를 살려 주셨고, 절대로 가능할 것 같지 않았던 남편의 구원 문제도 해결해 주셨습니다. 급성 간암으로 쓰러진 남편은 그동안의 죄를 회개하고 예수님을 영접하고 하늘나라로 갔습니다.

남편이 살아 있을 때도 영적인 신랑 예수님과 교제하며 기쁨을 누렸기에 30대 중반에 혼자가 된 후에도 재혼 생각 없이 기쁘게 살 수 있었습니다. 신랑 되신 예수님이 함께하시기에, 그 신랑과 날마다 말씀으로 교제하며 슬픈 일, 기쁜 일을 나누다 보니 외로울 틈이 없었습니다. 부부가 금슬이 좋으면 자녀의 열매가 잘 맺히듯이 예수님과 내가 금슬이 좋으니 영적 열매들이 맺혔습니다. 다른 남자와 결혼하는 것보다 더 기쁜 구원의 열매들을 보여 주셨습니다.

　재혼 자체가 나쁘다는 말이 아닙니다. 제가 재혼을 안 해서 훌륭하다는 것도 아니고, 재혼한 분들이 문제가 있다는 것도 아닙니다. 사역 때문인지 기회가 없었는지 아직 재혼을 안 했지만 내일 당장이라도 하나님이 하라고 하시면 재혼을 할지도 모르겠습니다. 다만, 결혼 자체가 거룩을 이루기 위한 고난의 연속이거늘, 재혼은 그보다 훨씬 고난이 클 것이라는 사실을 말하고 싶습니다. 혹시 재혼을 생각하고 있다면 첫 결혼 때보다 천 번, 만 번 더 기도하고 심사숙고해야 할 것입니다.

　다시 한 번 말하고 싶습니다. 하나님 나라에 가는 그날까지 이 땅에서 사는 동안은 별 인생이 없습니다. 좋은 환경, 나쁜 환경도 따로 없습니다. 좋은 배우자, 나쁜 배우자도 따로 없습니다. 좋은 부모, 나쁜 부모도 따로 없습니다. 나에게 잘해 주고 돈을 잘 벌어 주면 좋은 부모, 좋은 배우자입니까? 돈도 없이 밤낮 싸우는 부모, 이혼한 부모는 나쁜 부모입니까?

부유한 환경에서 평생 싸우지도 않고 모든 것을 갖췄어도, 부족함이 없는 그 환경 때문에 하나님을 모르고 살아간다면 좋은 환경이라고 할 수 없습니다. 가난과 불화 속에서 힘든 인생을 살아도, 그 고난을 통해 하나님을 찾게 된다면 그 환경이 최고로 좋은 환경입니다. 내가 예수님을 믿도록 환경을 제공해 준 부모가 최고의 부모입니다. 내가 예수님만 사모하도록 고난의 환경을 제공해 준 배우자가 최고의 배우자입니다.

서 집사가 이혼과 재혼으로 힘든 인생을 살았어도, 그 자리에서 사명을 깨달았기에 누구보다 자녀를 잘 양육하고 있습니다. 엄마가 간병인까지 하면서 눈물 골짜기에서 분문까지 성벽을 중수하고 있으니까 자녀들이 엄마를 귀히 여기게 됐습니다. 낮아질 대로 낮아진 분문의 훈련을 잘 감당했더니 가정에서 리더가 되고, 목장에서도 다른 사람들을 살리고 있습니다. 별 인생 없는 이 땅에서 예수 그리스도의 생명의 별을 나눠 주는 인생으로 아름답고 위대한 삶을 살아가고 있습니다.

**하나님 나라에 가는 그날까지
이 땅에서 사는 동안은 별 인생이 없습니다.**

내 마음 들여다보기

Q. 처음 주신 결혼의 십자가를 잘 지고 있습니까? 장미 십자가, 황금 십자가가 좋아 보여 처음 십자가를 벗는다면 어떤 삶이 기다리고 있을까요?

....
....
....
....
....

Q. 힘든 골짜기와 더러운 분문의 환경에 처해 있습니까? 하나님을 바라볼 수밖에 없는 그 환경이 가장 큰 은혜인 것을 알고 있습니까?

....
....
....
....
....

Q. 이 땅에서 사는 동안은 별 인생이 없다는 말에 공감하십니까? 별을 나눠 주는 인생으로 살기 위해 내게 주신 사명은 어떤 것일까요?

Part 9

결혼을 지켜야 하는
아홉 번째 이유

_고린도전서 9:1~27

나는 함부로 살아서는
안 되는 존재이기에

일부러 시간을 내어 지방의 집회에 다녀왔습니다. 아직은 교회 강단을 지켜야 하고 건강도 허락하지 않아서 외부 집회는 잘 다니지 않는 편입니다. 그런데 곳곳에서 이혼과 자살의 소식이 들리니 가정 회복의 사명에 더 분발해야 함을 느낍니다. 한 사람이라도 제가 전한 말씀을 듣고 이혼을 철회한다면, 한 사람이라도 하나님의 뜻을 기억하고 가정으로 돌아간다면 거기에 제 삶의 이유가 있다고 믿습니다.

집회를 마치고 성도들과 인사를 나누는데 수수한 차림의 한 부인이 수줍게 제 손을 붙잡습니다. 그리고 뭔가를 쥐어 주기에 보니까 초록색 지폐입니다. 그냥 돌려주면 무안할 것 같아 활짝 웃으며 인사를 했습니다.

"집사님, 감사해요. 그런데 저보다 하나님께서 더 기뻐하실 것 같으니 교회에 헌금으로 전할게요."

"아니에요, 목사님. 제가 목사님 식사를 대접하고 싶은데 쑥스러워서 점심값이라도 드리고 싶었어요. 목사님, 제가 너무 감사해서 드리는 인사라고 생각하고 받아 주세요."

제가 무엇을 했기에 식사를 대접하고 싶을 만큼 감사한 걸까요?

"목사님, 목사님은 저를 모르시지만 저는 방송에서 목사님 설교를 듣고 있어요. 저도 남편과 이혼하려고 했어요. 이혼을 해야만 살 수 있을 것 같았어요. 그런데 목사님 설교를 듣고 다시 생각했어요. 목사님 때문에 이혼을 안 하고 하나님 앞에서 저의 죄를 볼 수 있었어요. 목사님, 정말 감사합니다. 그때 이혼을 안 해서 지금은 남편과 잘 살고 있어요."

최고 일류 레스토랑에서 최고급 메뉴로 저를 대접한다고 해도 그만큼 기쁠 수 있을까요. 손에 쥐어 준 점심값 때문이 아니라, 저로 인해서 가정이 회복되었다는 그분의 인사가 저에게는 세상 무엇과도 바꿀 수 없는 선물이었습니다.

사도로 보냄을 받은 인생

> 내가 자유인이 아니냐 사도가 아니냐 예수 우리 주를 보지 못하였느냐 주 안에서 행한 나의 일이 너희가 아니냐 _고전 9:1

사도 바울이 부르짖는 사도직은 정확히 말해서 고난직(職)입니다. 복음을 위해 죽이기로 작정하신 자같이 끄트머리에 두신 것이 사도의 직분입니다. 당시에는 예수님의 열두 제자가 아니라는 이유로 바울을 인정하지 않는 사람들이 있었습니다. 또 천막을 만드는 노동을 하며 자비량으로 전도 여행을 다니는 것 때문에 무시하는 사람들도 많았습니다.

그래서 바울은 "내가 사도가 아니냐 예수 우리 주를 보지 못하였느냐"고 변론합니다. 그리고 그에게는 주 안에서 행한 복음의 증거들이 있었습니다. 나 바울의 전도를 받고 예수님을 영접한 너희, 나 때문에 하나님을 만나고 인생이 변한 너희가 바로 그 증거라는 것입니다. 누가 인정해 주지 않아도, 무시와 조롱을 받아도 '주 안에서 열매 맺은 너희'가 있기에 바울은 사도로서 당당했습니다.

예수님을 믿는 사람으로서 나로 인해 복음을 받아들이는 사람이 있는 것만큼 큰 기쁨은 없습니다. 더욱이 그 복음으로 한 사람의 삶이 변화되고 상처가 치유되었다면 그보다 더 큰 상급은 없을 것입니다.

어느 해 전도축제가 있던 주일날, 권 집사에게도 하나님의 상이 주어졌습니다.

"목사님, 오늘 시어머니하고 시누이가 오기로 했어요. 그분들 귀에 말씀이 들려서 예수님을 영접할 수 있도록 기도해 주세요."

권 집사의 말에 잠시 제가 잘못 들었나 의아했습니다. 몇 년 전 이혼한 집사님에게 시어머니와 시누이가 찾아오다니 무슨 일입니까?

"전남편의 어머니와 여동생이에요. 그동안 같이 산 정 때문인지, 하나님을 만나고 나서 그분들 생각이 많이 났어요. 전남편은 이미 다른 사람과 재혼했으니 딴마음이 있는 건 아니에요. 시어머니도 그걸 아시니까 여기까지 와 주신 것 같아요."

대개 이혼하는 순간 온 집안 식구와 원수가 된다는데 전에 모시던 시댁 식구들을 생각하는 집사님의 마음이 예뻤습니다. 하나님도 그 마음을 기쁘게 받으신 모양입니다. 그날 영접 기도를 하는 시간에 집사님의 예전 시어머니가 일어나 예수님을 영접했습니다. 오랫동안 불교 신자로 살아왔다는데 눈물을 흘리며 기도하는 모습에서 하나님의 역사를 또 한 번 확인할 수 있었습니다.

얼굴도 예쁘고 목소리도 고운 권 집사는 학벌과 경력

을 자랑하는 유아교육 전문가입니다. 어려서부터 친정 부모님의 불화를 지켜보면서 결혼은 곧 불행이라는 생각에 서른이 되도록 결혼할 생각이 없었습니다. 그러던 중 자신의 전공인 유아교육을 살리기 위해서라도 자녀를 낳아야겠다 싶어 결혼을 결심했습니다. 남편은 불교를 믿는 집안의 불신자였지만 결혼의 목적이 성공에만 있었기에 아무 갈등 없이 불신 결혼을 했습니다. 그리고 시어머니와 형편이 어려운 시누이 가족을 섬기며 착한 며느리, 착한 아내 소리를 들었습니다.

대학에서 강의하면서 시댁 식구를 섬기는 것이 너무 힘들어서 남편에게 분가 이야기를 꺼내 보았습니다. 남편은 어머니와 마누라 중에 하나를 택하라는 말이냐며 펄쩍 뛰었습니다. 그런 남편을 이해할 수는 없지만 친정 부모님처럼 싸우면서 살고 싶지 않아서 포기하고 물러섰습니다.

그런데 정작 문제는 다른 곳에서 터졌습니다. 유아교육 전공을 살리겠다고 한 결혼인데 5년이 지나도록 아기가 생기지 않았습니다. 인공수정으로 어렵게 임신을 했지만 유산되고 말았습니다. 이후 남편은 바람을 피웠고, 권 집사는 수치심 때문에 괴로워하다 짐을 싸서 친정으로 들어갔습니다. 그러나 남편은 끝내 사과하지 않았고 그런 남편을 용서할 수 없어 이혼을 선택했습니다.

> 11 우리가 너희에게 신령한 것을 뿌렸은즉 너희의 육적인 것을 거두기로 과하다 하겠느냐 12 다른 이들도 너희에게 이런 권리를 가졌거든 하물며 우리일까 보냐 그러나 우리가 이 권리를 쓰지 아니하고 범사에 참는 것은 그리스도의 복음에 아무 장애가 없게 하려 함이로다 _고전 9:11~12

바울은 신령한 것(복음)을 고린도 교인들에게 전함으로 육신의 보답을 거둘 수 있었습니다. 사도로서 직분과 함께 권한을 가지고 있었지만 바울은 자신의 권리를 쓰지 않고 범사에 참았습니다. 누구에게 칭찬을 받기 위해서도 아니고, 생색을 내려는 것도 아닙니다. 그리스도의 복음에 장애가 없게 하기 위함입니다.

신령한 것을 뿌려서 육신의 것으로 거두고 싶은 것이

우리의 진심입니다. 하나님께 드리는 예배와 기도는 신령한 것인데, 내가 열심히 기도하고 예배드렸으니 뭔가 육적인 것도 얻기를 원합니다. 신령한 기도와 큐티를 열심히 하면서 '내가 하루도 빠짐없이 큐티를 하고 있으니 하나님이 우리 애들은 대학에 붙여 주시겠지. 남편이 바람 안 피우게 지켜 주시겠지' 하고 육적인 것을 거두려 합니다.

물론 하나님은 우리의 헌신과 기도를 멸시하지 않으십니다. 그러나 육으로 거두지 못하더라도 복음을 위해 참아야 하는 것이 사도의 인생입니다. 각자 가정과 직장과 교회에 보내진 그리스도의 사도로서 받을 것이 있어도, 누릴 권리가 있어도 복음을 위해서 참아야 할 때가 있습니다.

권 집사가 착한 며느리, 착한 아내로서 많은 것을 참고 살았지만 복음을 위한 참음이 아니었습니다. 칭찬 받고 싶어서, 싸우기 싫어서, 자기 자신을 위해 참았기 때문에 정말 힘든 상황에서는 그동안의 참음이 빛을 발하지 못했습니다. 예수님을 믿는 우리는 모두 그리스도의 사도로 택함을 받고 보냄을 받은 인생입니다. 그런데 권 집사는 안 믿는 가정에 들어가서 복음은 전하지 않고 자기 의만 쌓았습니다. 사도로서의 직분과 권세를 잃고 아내로서 며느리로서 사는 일에만 매달렸기에 결국 무너지고 말았습니다.

내가 참았다고, 내가 기도했다고, 내가 전도했다고 생색내지 말아야 합니다. 신령한 것을 뿌렸어도 육신의 것으로 거두지 않는 것이 복음의 열매입니다. 육신의 것을 받지 않았기에 이천 년 동안 바울의 열매가 이어질 수 있었습니다. 눈에 잠깐 나타나는 육신의 것은 그것으로 끝입니다. 영적으로 수고한 것은 영적인 것으로 거두는 것이 진정한 보답입니다.

권 집사가 이혼을 했어도 시댁 식구들을 전도할 수 있었던 것은 결혼생활 동안의 참음이 헛되지 않았기 때문입니다. 하나님은 권 집사의 수고를 멸시하지 않으시고 영적인 열매로 보답해 주셨습니다. 육적으로는 거둔 것이 없는 듯해도 시어머니가 복음을 듣고 영접함으로써 가장 귀한 영적인 열매를 거두게 하셨습니다.

마음대로 살 권리는 우리에게 없습니다

> 그런즉 내 상이 무엇이냐 내가 복음을 전할 때에 값없이 전하고 복음으로 말미암아 내게 있는 권리를 다 쓰지 아니하는 이것이로다 _고전 9:18

그러면 이렇게 수고한 바울이 받을 상은 무엇입니까? 바울은 복음을 값없이 전하고 복음으로 인하여 자신의 권리를 쓰지 않는 것이 자신의 상이라고 말합니다. 못 받고, 못 누리는 권리가 진정한 상이라고 말합니다.

내가 기대하는 상은 무엇입니까? 어떤 권리를 이용하지 못해서 분하고 억울합니까? 돈 못 버는 남편을 만나 평생 누린 것이 없어서, 시어머니 모시느라 마음대로 살아 보지 못해서 억울합니까? 남편과 자식 뒷바라지하느라 자기의 재능을 못 살린 것이 억울합니까? 나도 마음대로 살 권리가 있는데, 마음대로 놀러 다니고, 마음대로 쉴 권리가 있는데 그 권리를 못 써서 억울합니까?

자폐를 가진 자녀를 키우는 한 어머니를 알고 있습니다. 아이가 새벽이면 일어나서 돌아다니기 때문에 아침 6시 이후까지 자 본 적이 없다고 합니다. 그분은 의사소통이 안 되는 아이를 돌보느라 24시간 긴장하며 삽니다. 먹는 것, 자는 것이 모두 아이에게 맞춰져 있습니다.

　우리는 자고 싶을 때 자고, 먹고 싶을 때 먹을 수 있다는 것만으로도 충분한 권리를 쓰고 있습니다. 교회에 와서 예배를 드릴 수 있다는 것만으로도 충분히 누릴 것을 누리고 있습니다. 그것을 인정하고 복음에 빚진 자로서 복음으로 인하여 권리를 쓰지 않는 것이 우리가 받을 상급입니다. 내 마음대로 살 권리가 아니라, 복음을 위해 내 권리를 포기할 권리가 세상에는 없는 우리만의 상급입니다.

　이혼 후 권 집사에게는 많은 유혹이 있었습니다. 유학을 떠났다가 새로운 사랑을 만나기도 했습니다. 그러나 인생의 목적, 결혼의 목적은 행복이 아니라 거룩이라는 저의 글을 읽고 이혼을 회개하며 한국으로 돌아왔습니다. 그러면서도 남편도 없고, 아이도 없는 젊은 싱글로서 그 권리를 누리고 싶었습니다. 결혼 전 교제했던 사람에게 먼저 연락을 했습니다. 가정이 있는 유부남이기에 만나서는 안 되는 사람이었습니다. 그걸 알면서도 자신의 전화를 받고 달려와 준 그 사람이 너무나 고마웠습니다. 아직 여자로서 매력이 있구나, 그 사람을 통해 확인 받고 싶었습니다.

> 24 운동장에서 달음질하는 자들이 다 달릴지라도 오직 상을 받는 사람은 한 사람인 줄을 너희가 알지 못하느냐 너희도 상을 받도록 이와 같이 달음질하라 25 이기기를 다투는 자마다 모든 일에 절제하나니 그들은 썩을 승리자의 관을 얻고자 하되 우리는 썩지 아니할 것을 얻고자 하노라 26 그러므로 나는 달음질하기를 향방 없는 것같이 아니하고 싸우기를 허공을 치는 것같이 아니하며 27 내가 내 몸을 쳐 복종하게 함은 내가 남에게 전파한 후에 자신이 도리어 버림을 당할까 두려워함이로다 _고전 9:24~27

남편이 없어서, 아이가 없어서, 젊은 싱글이어서 마음

대로 누릴 권리가 있다고 생각한다면 어떤 상도 얻을 수 없습니다. 여자로서 매력이 있다고 해도 그것은 썩을 면류관일 뿐입니다. 젊음도 미모도 썩어질 면류관입니다. 남녀 간의 사랑도 하나님의 은혜가 임하지 않으면 썩어질 것입니다. 하나님을 만나고도 권 집사처럼 헛된 달음질을 할 수 있습니다. 그 길이 아닌 줄 알면서도 쾌락으로 달음질하며 허공을 치는 싸움을 싸울 수 있습니다.

감사하게도 권 집사는 자신의 연약함을 공동체에서 고백했습니다. 더 이상 헛된 싸움을 하지 않기 위해 자신의 잘못을 고백하고 도움을 청한 것입니다.

하나님 나라를 향해 달음질하는 우리 앞에는 수많은 유혹과 전쟁이 기다리고 있습니다. 그 전쟁에서 쓰러지지 않기 위해 날마다 정신을 차리고 내가 달음질하는 방향과 목표를 확인해야 합니다. 날마다 하나님의 말씀을 묵상하고, 그 말씀을 삶에 적용하면서 나의 달음질이 향방 없는 것이 되지 않도록 바로잡아야 합니다.

큐티는 절제의 훈련입니다. 매일 하나님의 말씀을 읽고 묵상하면 나의 탐심과 부질없는 유혹들을 정리할 수 있습니다. 하루도 빠짐없이 지속적으로 뭔가를 한다는 것 자체가 대단한 훈련입니다. 귀찮고 하기 싫어도 오늘도 어김없이 아침에 일어나서 성경을 펴고 큐티를 하는 것이 내 몸을 쳐 복종시키는 절제의 훈련입니다.

유혹 속에서도 말씀을 놓지 않았기에 권 집사는 빨리 돌이킬 수 있었습니다. 불신 결혼을 했어도 좋습니다. 이혼을 했어도 괜찮습니다. 하지만 오늘 예수 그리스도를 믿고 새로운 삶을 시작했다면 더 이상 함부로 살아서는 안 됩니다. 만인 제사장 시대에 우리 모두가 예수 그리스도의 사도임을 잊지 말아야 합니다. 마음대로 먹고 살고 놀 권리가 우리에게는 없습니다. 마음대로 만나고, 마음대로 결혼하고, 마음대로 이혼할 권리가 우리에게는 없습니다.

예수 그리스도 안에서 내가 얻은 권리는 복음을 위해 나의 권리를 쓰지 않을 권리입니다. 나에게 어떤 자유와 어떤 능력이 있어도 복음을 위해 나의 권리를 포기하는 것이 내가 받을 상급입니다. 썩지 아니할 생명의 면류관을 얻기 위해서, 어떤 상황에서도 십자가를 지는 것이 우리가 누릴 자랑스러운 권리이고 영광스러운 상급입니다.

**나에게 어떤 자유와 어떤 능력이 있어도
복음을 위해 나의 권리를 포기하는 것이
내가 받을 상급입니다.**

내 마음 들여다보기

Q. 외적으로 내세울 것이 없어도 복음을 전한 열매와 증거가 있기에 당당한 삶을 살고 있습니까? 복음을 위해 나는 함부로 살아서는 안 된다는 것을 인식하십니까?

....
....
....
....
....

Q. 선을 행하되 낙심하지 않으면 때가 이를 때 거두게 됩니다(갈 6:9). 결혼생활 동안의 참음이 헛되지 않음을 믿으십니까? 영적인 열매를 거두기 위해 내 권리를 포기하고 선한 싸움을 싸우고 계십니까?

....
....
....
....

Q. 예수 그리스도 안에서 우리는 복음을 위해 권리를 포기하는 결단을 해야 합니다. 나에게 어떤 자유와 어떤 능력이 있어도 복음을 위해 나의 권리를 포기할 수 있습니까? 지금 내가 포기해야 하는 권리는 무엇입니까?

Part 10

결혼을 지켜야 하는 열 번째 이유

_고린도후서 1:3~10

위로와 회복의 사명을
감당하기 위해

"쿵쿵쿵! 퍽! 꽈당!"
"으앙~~!!! 엄마~ 아아~~ 앙!!"

우렁찬(?) 사내아이의 울음소리가 우리들교회 예배당 안까지 울려 퍼집니다. 우리들교회 예배당이란 우리가 빌려 쓰고 있는 휘문고등학교의 체육관입니다. 학교 안에 예배당이 있으니 주일학교를 마치면 아이들은 온 학교를 놀이터 삼아 뛰어다닙니다. 그중 한 녀석이 넘어지기라도 한 모양입니다. 성도들과 인사를 나누다가 놀라서 내다보니, 아니나 다를까, 유명한 개구쟁이 현준이의 울음소리입니다.

잔디밭에서 목장 식구들과 나눔을 하던 현준이 엄마가 달려옵니다. 달려오고 있지만 표정은 여유롭습니다. 개구쟁이 아들을 키우다 보니 어지간한 일에는 놀라지 않는 모양입니다. 그래서든 다른 이유에서든, 저는 현준 엄마의 여유 있는 표정이 반갑고 고맙기만 합니다.

눈이 오나 비가 오나 우유 배달 수레를 끌고 산동네 오르막길을 씩씩하게 누비는 현준 엄마. 화장기 없는 얼굴이 꽃보다 예쁜 현준 엄마. 그녀의 웃음이 우리를 위로합니다. 그녀의 눈물까지도 우리의 아픈 마음을 위로합니다.

환난 중에 위로하시는 하나님

3 찬송하리로다 그는 우리 주 예수 그리스도의 하나님이시요 자비의 아버지시요 모든 위로의 하나님이시며 4 우리의 모든 환난 중에서 우리를 위로하사 우리로 하여금 하나님께 받는 위로로써 모든 환난 중에 있는 자들을 능히 위로하게 하시는 이시로다 _고후 1:3~4

우리 하나님은 자비의 아버지이십니다. 위로의 하나님이십니다. 이 하나님을 만난 사람은 어떤 환난에도 하나님을 오해하지 않습니다. 내가 위로 받지 못하는 이유는 하나님을 제대로 알지 못하기 때문입니다. 문제 위에 있는 하나님을 봐야 하는데 문제 자체만을 보기 때문에 위로를 얻지 못하는 것입니다. 그래서 문제가 해결되더라도 하나님과의 관계를 회복하지 못하고 또 다른 어려움을 만나게 됩니다.

여기서 '위로'는 '안정, 평안'이라는 뜻보다 '격려'라는 의미를 가지고 있습니다. 우리의 진짜 환난은 하나님의 격려를 받지 못하는 것입니다. 같은 어려움을 겪어도 하나님의 격려를 받는 사람은 환난을 환난으로 받지 않습니다.

하나님께서 어떻게 격려해 주십니까? 우리에게 주신 하나님의 말씀을 통해서입니다. 눈앞이 캄캄한 상황에서도 성경을 펴면 거기에 하나님의 위로와 격려가 있습니다. 해석이 안 되는 내 사건을 하나님께서 말씀으로 해석해 주십니다. 하나님께서 내 삶을 해석해 주고 격려해 주시니 어떤 환난 중에도 능히 위로를 얻는 것입니다.

'나의 환난'이 아니라 '우리의 환난'입니다. 나의 환난을 '우리의 환난'으로 생각하고 격려해 주는 사람들이 있다면 얼마나 힘이 되겠습니까. 큐티 모임과 우리들교회 목장을 통해서 나의 환난이 우리의 환난이 되는 것을 목격할 수 있습니다. 지체의 환난을 내 아픔으로 여기는 우리, 함께 기도하고 격려하는 믿음의 우리가 있기에 환난을 이기고 살아나는 것을 수없이 봅니다.

현준 엄마도 기막힌 환난 중에 살고 있었습니다. 가난한 환경에서도 밝고 씩씩하게 자란 현준 엄마였습니다. 친정의 형편을 돕기 위해 중학교만 마치고 서울에 올라와서 봉제 공장에 들어갔습니다. 동네 부동산 사무실에 얼마를 내고 사무실 소파에서 쪽잠을 자며 돈을 아꼈습니다. 그러다 동네에서 만난 예쁜 집사님의 전도로 복음을 듣고 예수님을 믿게 됐습니다. 공장에서 만난 남편과 결혼도 하고 아들도 낳았습니다. 특별히 내세울 것은 없어도 남부럽지 않은 생활이었습니다.

그런데 남부럽지 않은 생활이 정도가 지나쳤는지 카

드 빚이 조금씩 늘기 시작했습니다. 설상가상으로 남편은 툭 하면 직장을 그만두고 새 직장을 찾아다녔습니다. 아들 현준이도 생겼으니 빨리 빚을 갚고 자리를 잡아야 할 텐데 직장에 다니는 날보다 집에 드러누워서 연락을 기다리는 날이 더 많아졌습니다. 부부가 신용불량자가 됐습니다.

신용불량이라는 환난을 만나서 큐티 모임을 찾은 현준 엄마는 순수한 모습만큼이나 말씀도 순수하게 받아들였습니다. 말씀이 모두 깨달아지지 않아도 목사님 말씀을 듣는 게 좋다고, 목사님만 봐도 좋다고 환하게 웃곤 했습니다.

IMF 외환 위기 때 금전적 고난으로 큐티 모임을 찾는 분들이 많았습니다. 그분들에게 어떻게든 빚은 지지 말고 돈이 없으면 없는 환경에 순종하자고 전했습니다. '있으면 먹고 없으면 금식하고 죽으면 천국 가자'는 게 큐티 모임의 표어였습니다. 현준 엄마도 그 말씀을 적용하며 신용불량자로 어려운 환경에 순종했습니다. 더 이상 빚지지 말고, 조금씩 빚을 갚아 가기로 했습니다.

나의 환난으로 다른 사람을 위로합니다

5 그리스도의 고난이 우리에게 넘친 것같이 우리가 받는 위로도 그리스도로 말미암아 넘치는도다 6 우리가 환난당하는 것도 너희가 위로와 구원을 받게 하려는 것이요 우리가 위로를 받는 것도 너희가 위로를 받게 하려는 것이니 이 위로가 너희 속에 역사하여 우리가 받는 것 같은 고난을 너희도 견디게 하느니라 7 너희를 위한 우리의 소망이 견고함은 너희가 고난에 참여하는 자가 된 것같이 위로에도 그러할 줄을 앎이라
_고후 1:5~7

나의 환난이 '우리의 환난'이 되면 그 환난으로 다른 사람을 위로하고 구원할 수 있습니다. 내가 당한 환난으로 다른 사람의 사건을 해석해 주고, 다른 사람의 환난으로 나 자신을 돌아보게 되기 때문입니다. 우리고, 너희고 다 필요 없이 혼자 잘 살 수 있다고 생각하는 사람은 위로를 받을 수도 줄 수도 없습니다. 혼자 말씀 보고, 혼자 기도한

다고 되는 게 아닙니다.

내가 당한 환난은 누군가의 위로와 구원을 위한 것입니다. 내가 환난을 겪고 깨달은 만큼 그것이 나의 전공과목이 돼서 같은 환난을 겪는 사람을 위로할 수 있어야 합니다. 설교 말씀이 어렵다고 하는 사람도 고난을 이긴 사람들의 간증은 잘 받아들입니다. 내 고난의 간증으로 주님을 증거하면 다른 사람을 위로하고 구원으로 인도할 수 있습니다. 그런데 내 환난이 싫고 부끄럽기만 하다면 어디에도 쓰임 받지 못하는 '지지리 고생'으로 끝나고 맙니다.

그리스도의 고난이 넘치는 만큼 그리스도로 말미암아 넘치는 위로를 허락하십니다. 이것을 확신한다면 어느 자리에서나 당당하게 나의 환난을 간증할 수 있습니다. 나의 환난으로 누군가를 위로하고 살릴 수 있습니다.

하나님께서 고난을 통해 나를 연단하시는 이유는 위로에 참여하는 자가 되게 하기 위해서입니다. 고난을 통해 하나님의 사랑을 더 알아 가라고, 그 사랑으로 다른 사람을 위로하고 구원으로 인도하라고 사명을 주시는 것입니다.

말씀이 깨달아지지 않아도 목사님만 봐도 좋다던 현준 엄마가 어느 날 교회 홈페이지에 글을 올렸습니다. 반가운 이름이라 얼른 읽어 보았습니다. 눈물이 났습니다. 그리고 감사했습니다.

> 안녕하세요. 우리들교회 눈물 봉지 현준 엄마입니다.
> 33살의 우유 배달 아줌마이기도 합니다.
> 처음 올리는 나눔이라 그런지 많이 떨립니다.
> 먼저 하나님이 절 사랑하심에 감사와 찬양을 드립니다.
> 항상 옳으신 나의 하나님.
> 금요일 저녁입니다. 12시가 되었는데 잠도 안 오고
> 빨래를 삶다가 문득 생각했습니다.
> '직장을 그만두고 놀고 있는 남편이 요즘 돈 달라는
> 소리를 안 하는구나. 내가 지갑에 넣어 줘야지.'
> 몰래 지갑을 여는 것이 잘못인 것 같았지만
> '아침에 돈을 보면 남편도 좋아하겠지' 생각했습니다.
> 지갑을 열어 보니 돈 넣는 자리에 역시나 돈이 없습니다.
> 그런데 주민등록증을 넣는 곳이 유난히 두툼합니다.

들춰 보니 어림잡아 5만 원 정도가 구겨 들어가 있습니다.

'아니, 이 사기꾼! 돈이 있었잖아.'

그리고 그 밑에 사진 하나가 보입니다. 남편과 웬 여자가 찍은 사진, 그것도 하트 모양의 배경에 여자가 턱에 손을 살짝 괸 스티커 사진입니다. '혹시 내가 아는 사람인가?' 하고 자세히 들여다봅니다. 하지만 남편의 애인인 게 분명해 보입니다.

'어머나, 이제 바람까지 피우는구나!'

자고 있는 남편이 죽이고 싶도록 밉고 그 여자 사진을

갈기갈기 찢어 버리고 싶을 정도로 화가 납니다.

우유 배달까지 하면서 열심히 살아 보려는 나한테

어떻게 이럴 수 있는지…….

그렇지만 말씀을 폈습니다.

눈에 들어오진 않았지만 그래도 '주님이 아시겠지'

하면서 기도하고 누웠습니다. 베개가 적셔집니다.

너무 밉고 분하고 원통합니다.

그러나 다음 날 아침에 일어나 다시 말씀을 폈습니다.

고린도전서 15장 31절 말씀.

"형제들아 내가 그리스도 예수 우리 주 안에서 가진 바 너희에 대한 나의 자랑을 두고 단언하노니 나는 날마다 죽노라."
그다음 34절 말씀이 들어옵니다.
"깨어 의를 행하고 죄를 짓지 말라 하나님을 알지 못하는 자가 있기로 내가 너희를 부끄럽게 하기 위하여 말하노라."
그렇습니다. 인간은 백 퍼센트 죄인입니다.
"하나님을 알지 못하는 남편이 바람을 피우는 것은
당연하다"고 한 목사님 말씀이 생각났습니다.
우유를 배달하다가도 사진 생각이 나면 정신이
아찔해집니다. 주일 설교 말씀을 생각합니다.
"내 사랑하는 자들아 너희가 친히 원수를 갚지 말고 진노하심에 맡기라 기록되었으되 원수 갚는 것이 내게 있으니 내가 갚으리라고 주께서 말씀하시니라 네 원수가 주리거든 먹이고 목마르거든 마시게 하라 그리함으로 네가 숯불을 그 머리에 쌓아 놓으리라 악에게 지지 말고 선으로 악을 이기라"(롬 12:19~21).
은혜로만 들었던 말씀이었습니다.
그런데 이젠 제 말씀이 되었습니다.
이보다 더한 해석이 어디 있을까요.
하나님이 갚아 주신다고 하십니다.

전 그냥 먹이고 마시게만 하라십니다.

남편은 제가 아는 걸 모릅니다. 그래서 감사합니다.

말씀 안에서 마음 놓고 푼수가 될 수 있습니다.

늘 말씀으로 무장하고 날마다 의의 병기로

나아가길 원합니다.

홈페이지에는 현준 엄마의 큐티 나눔이 날마다 올라왔습니다. 나눔 하나를 올릴 때마다 지체들의 기도와 격려도 쏟아졌습니다. 나눔 하나하나가 하나님을 향한 눈물의 고백이자 아름다운 시였습니다. 현준 엄마의 환난이 우리 모두의 기도 제목이자 위로가 되었습니다. 눈물 속에서도 말씀을 펴는 모습, 말씀 안에서 마음 놓고 푼수가 되는 솔직한 나눔들이 우리를 위로했습니다.

현준 아빠는 얼마 안 돼 아예 집을 나가 버렸습니다. 어느 날 우유 배달을 하다가 남편의 차가 집으로 향하는 것을 보았습니다. 3주 만의 귀가였습니다. '이혼하자고 담판을 지으러 왔나' 싶어 마음이 떨리고 두려웠는데 집에

가 보니 남편은 갈아입을 옷만 챙겨서 떠난 후였습니다.

'날씨가 추워지니 입을 옷이 없었구나' 싶었지만 아들 얼굴도 안 보고 가는 남편이 서운했습니다. 그래도 금방 '아직은 하나님의 때가 아니구나' 하고 일어나서 남편이 뒤지고 간 옷장 안을 살폈습니다. 여름옷은 깊숙이 넣어 두고 남편이 즐겨 입던 겨울옷을 꺼내 꼼꼼하게 다림질을 했습니다. 잘 다려진 옷들을 옷걸이에 걸어 눈에 잘 띄는 곳에 걸어 두었습니다. 현준 엄마가 없을 때라도 와서 챙겨 가라는 뜻에서였습니다. 지금은 아내로서 남편에게 해 줄 수 있는 것이 이뿐이라고 했습니다. 예수님을 모르는 인생은 행복할 수도, 기쁠 수도 없는데 가정을 버린 남편의 상한 마음은 누가 덮어 주겠느냐고 오히려 남편을 걱정했습니다.

> 그가 이같이 큰 사망에서 우리를 건지셨고 또 건지실 것이며 이후에도 건지시기를 그에게 바라노라
> _고후 1:10

바람 피우는 남편이 어쩌면 그리도 많은지, 너무나 많은 가정이 외도의 환난으로 깨어지고 흔들리고 있습니다. 그러나 같은 환난 중에도 현준 엄마는 하나님의 말씀으로 하나님의 격려를 받고 있습니다. 자신의 환난으로 우리를 위로하며 전 세계에서 우리들교회 홈페이지를 방문하는 사람들에게 위로와 구원의 메신저가 되었습니다.

남편이 아직 돌아오지 않았어도, 아직 갚아야 할 빚이 있어도 자신의 환난을 나누는 현준 엄마의 나눔이 하나님께서 건지시는 은혜였습니다. 환난으로 다른 사람을 위로하며 공동체의 격려를 받았기에 죽을 것 같은 배신의 아픔 속에서도 살아날 수 있었습니다.

큰 환난 중에도 내 안에 계신 그리스도로 인해 빛을 발하며 다른 사람을 위로할 때 하나님께서는 큰 사망에서 우리를 건지셨고, 또 건지시고, 이후에라도 건지십니다. 나의 과거, 현재, 미래 모두가 하나님께서 주시는 '가장 최고(The Best)'의 환경입니다. 내가 지금 어떤 환경에 있든지, '이것이 하나님께서 주시는 Best로구나' 하고 믿으면 됩니다. 현준 엄마처럼 '백 퍼센트 옳으신 하나님'을 신뢰하면 됩니다.

힘든 현재를 벗어나기 위해 이혼하고 도망치는 것은 결코 새로운 시작이 아닙니다. 어떤 '큰 사망'의 사건에서도 나를 건지시는 주님을 확신할 때 나의 환난이 새로운 생명으로 이어집니다. 환난을 당한 이들에게 구원을 전하는 새로운 사명의 길을 걷게 됩니다.

내 마음 들여다보기

Q. 하나님은 자비의 아버지, 위로의 하나님이십니다. 환난을 당했을 때 하나님으로부터 위로를 얻은 경험이 있습니까? 막연한 응답을 구하지 말고 하나님의 말씀인 성경 속에서 구체적인 위로를 찾아 봅시다.

....
....
....
....

Q. 상처 입은 치유자로서 내가 겪은 환난으로 다른 사람을 위로한 경험이 있습니까?

....
....
....
....
....
....

Q. 나의 과거, 현재, 미래 모두가 하나님께서 주시는 최고의 환경임을 믿습니까? 환난을 겪는다 해도 감사함으로 찬양할 수 있습니까?

Part 11

결혼을 지켜야 하는 열한 번째 이유

_여호수아 19:10~51

영원한 상급,
영원한 복을 얻기 위해

4대째 모태신앙인으로 평생 교회에 다녔지만 이혼에 대한 설교는 별로 들어 보지 못했습니다. 사역자가 자신의 가족에 대해, 특별히 가족의 이혼에 대해 설교하는 것은 그만큼 힘든 일이기 때문입니다. 그럼에도 제 가족의 이야기이자 남들이 잘 하지 않는 이혼 이야기를 하려고 합니다.

가족이 상급입니다

셋째로 스불론 자손을 위하여 그들의 가족대로 제비

를 뽑았으니 그들의 기업의 경계는 사릿까지이며

_수 19:10

가나안 정복 전쟁을 마친 여호수아가 마지막으로 이스라엘 열두 지파에게 기업을 분배합니다. 그리고 "나는 일을 마쳤더라"(수 19:51)는 말씀으로 여호수아서의 대단원이 끝이 납니다. 하나님 나라를 완성하는 기업 나누는 일은 어떻게 해야 하겠습니까?

여호수아 14장부터 19장까지는 기업 분배의 내용이 실려 있는데, 계속해서 반복하는 구절이 "그들의 가족대로" 제비를 뽑았다는 것입니다. 19장 본문에도 "가족대로"라는 말씀이 반복해서 나옵니다.

우리의 인생을 완성하고 마치는 기준은 가족입니다. 가족을 우선으로 여기고 지키는 사람이 인생을 완성하고 성공할 수 있습니다. 신앙생활을 하면서 하나님 나라를 완성하는 영혼 구원의 사역이 외부 전도나 선교를 통해서 이루어진다고 생각할 수 있습니다. 그러나 하나님은 언제나 가족대로 그 기업을 분배하십니다. 가족이 우선이라고 하십니다. 내 가족만 구원 받으면 된다는 말이 아닙니다. 가족이 한 믿음이 되어 하나님 나라를 확장하는 선교의 장이 되어야 합니다. 예수님을 믿어서 내 가족만 잘살기를 바라는 것이 아니라, 나와 내 가족이 영혼 구원을 위해 쓰임 받기를 기도해야 합니다.

제가 30년이 넘는 사역의 시간 동안 가정 회복의 메시지를 외칠 수 있었던 것은 어머니의 기도 덕분이었습니다. 아들을 낳지 못하고 딸만 넷을 낳은 고난으로 하나님을 만났던 어머니. 돌아가시기 전까지 새벽기도를 갈 때마다 교회 화장실 청소를 하시고 헌금도 무명으로 하셨던 어머니. 자식들 졸업식, 입학식에는 못 가도 이웃집 빨래와 김장을 도와주며 전도를 하시던 어머니였습니다. 이러한 어머니의 헌신과 기도가 있었기에 하나님께서 인생의 고비마다 딴 길로 가지 않게 지켜 주셨습니다. 결혼의 고난을 통해 지금의 사역을 하도록 인도해 주셨습니다.

저뿐 아니라 나머지 자매들에게도 하나님이 허락하신 고난과 사역의 열매들이 있습니다. 그중에서 둘째 언니의 이야기를 하려고 합니다.

언니는 참 착한 사람이었습니다. 공부도 정말 잘해서 일류 고등학교와 일류 대학교, 일류 대학원까지 우등으로 졸업했습니다. 신앙생활도 열심이어서 대학 다닐 때는 기독학생회 부회장으로 활동하기도 했습니다. 졸업 후에는 대학에 출강하며 화려한 경력을 쌓아 갔습니다. 그리고 당시 문교부(現 교육부)에서 주관하는 유학생 선발 시험에 합격해 언니가 원하는 모든 명문 대학에서 입학 허가도 받았습니다.

그런데 유학을 떠나기 직전 언니는 후두염 판정을 받았습니다. 성악을 전공한 언니가 다시는 노래를 할 수 없다는 청천벽력과도 같은 선고를 받은 것입니다. 그러고 한 달 만에 언니는 결혼을 했습니다.

아버지는 남자 쪽에서 결혼하자고 한다니까 그냥 하라고 하셨습니다. 인품이 남달랐던 아버지는 알아보고, 의심하고, 따져 보는 것을 악이라고 생각하셨습니다. 친구들과 싸웠을 때도 무조건 "용서하라" 하셨기에 우리는 싸울 줄도 몰랐습니다. 누구와 경쟁해서 이길 줄도 몰랐습니다. 그렇게 모두가 착한 사람(?)이었지만 서로를 중요하게 여겼다고는 생각하지 않습니다.

당시 고등학생이던 제가 보아도 언니의 결혼은 위험해 보였습니다. 만난 지 한 달 만에 결혼을 약속한 것도 그렇고, 약혼식 하루 전날 남자의 집에 다녀온 언니가 울며불며 결혼을 못 하겠다고 한 것도 그랬습니다.

우리 집이 정말 가족을 소중하게 여기는 가정이었다면 그때 결혼을 막았어야 했습니다. 하지만 아버지는 뿌리 깊은 유교 가문에서 자라신 분이었습니다. 누구를 의심하면 안 되기 때문에, 내일이 약혼식인데 체면 깎이는 일을 해서는 안 되기 때문에 결혼을 강행하셨습니다. "사랑으로 승화하고 살라"고 하셨던 아버지의 말씀이 지금도 또렷하게 기억납니다.

사랑으로 승화하고 산다, 참 멋있는 말입니다. 성경적으로도 참 맞는 말입니다. 그러나 자신이 경험해 보지 않고 정답만 이야기하는 것은 사람을 질리게 합니다. 아버지를 존경했지만 그 말씀만큼은 도무지 납득할 수 없었습니다. 언니의 결혼을 밀어붙인 아버지의 결정은 가족을 소중하게 생각해서 내린 결론은 아니었습니다.

가족을 소중하게 생각하려면 무엇보다 구원의 확신이 있어야 합니다. 우리 가정에 대한 하나님의 뜻을 알고 성경적 가치관을 가져야 합니다. 성경적인 가치관이 없으면 누구도 올바르게 사랑할 수 없고, 올바르게 도와줄 수 없습니다.

저는 결혼을 앞둔 청년들과 그 부모들에게 결혼식 하루 전이라도 확신이 없으면 하지 말라고 권합니다. 괜히 하는 말이 아닙니다. 언니를 통해서 경험해 봤기에 하는 말입니다. 이미 결혼했다면 이혼은 안 되지만, 결혼 전이라면 언제든지 돌이킬 수 있습니다. 하루 전이 아니라 결혼식 당일이라도 그 결혼이 믿음의 결혼이 아니라는 걸 깨달았다면 파기해야 합니다.

언니도 교회를 열심히 다녔지만 성경을 모르기는 마찬가지였습니다. 결혼에 대한 하나님의 뜻이 무엇인지 몰랐으니 당연히 지혜가 없었고 자신의 힘든 결혼생활이 해석되지 않았습니다. 결혼하고 아이를 낳았는데 형부는 직장이 없었습니다. 아무 일도 하지 않았습니다. 아버지의 사업이 망한 뒤라서 우리는 좁은 집에서 살았는데, 언니와 언니 식구들까지 망한 우리 집에서 같이 살았습니다.

제 인생이 아니기에 자세한 이야기까지 다 할 수는 없지만 제가 보기에도 그 당시 언니와 형부는 백번 이혼을 해도 마땅하다고 생각했습니다. 누구보다 효녀이고, 신앙생활도 공부도 열심이었고, 자라면서 속 한 번 썩인 일이 없는데, 그렇게 착하고 밝은 언니가 왜 갑자기 후두염에 걸리고 왜 그런 결혼을 할 수밖에 없었을까요.

우리 가족은 모두 바보였습니다. 하나같이 일류학교를 나왔지만 어느 누구도 똑똑하지 못했습니다. 여호와를 경외하는 것이 지혜의 근본인지를 몰랐기 때문입니다. 단 한 사람도 하나님의 뜻을 깨닫고 말씀을 전해 줄 사람이 없었습니다.

내게 허락하신 기업에 순종해야 합니다

40 일곱째로 단 자손의 지파를 위하여 그들의 가족대로 제비를 뽑았으니 …… 47 그런데 단 자손의 경계는 더욱 확장되었으니 이는 단 자손이 올라가서 레셈과 싸워 그것을 점령하여 칼날로 치고 그것을 차지하여 거기 거주하였음이라 그들의 조상 단의 이름을 따라서 레셈을 단이라 하였더라 _수 19:40, 47

이스라엘 열두 지파 중 하나인 단 지파는 그 이름에 '억울함을 푸시려고 내 소리를 들으셨다'라는 뜻을 가지고 있습니다. 하나님 나라를 완성하려면 억울한 마음을 가지면 안 됩니다. 기업을 분배하는 여호수아서 본문을 보면 유다 지파는 '올라가고, 올라가고'라는 표현이 많고 베냐민은 '내려가고'가 많습니다. 스불론은 한 번씩 '올라가고, 이르고, 미치고'에서 끝났습니다. 잇사갈은 '올라가고, 내려가고'가 한 번도 없고 아셀은 '이르고, 이르고, 이르고'라고 표현됐습니다. 그런데 단은 '올라가고, 내려가고, 이르고, 미치고' 할 것도 없이 마음대로 자신들에게 할당된 땅을 두려워하고 무시했습니다.

주 안에서 '올라가고, 내려가고, 이르고, 미치고' 하는 것이 좋은 것입니다. 하나님께서 허락하신 정해진 땅에서 적극적으로 잘 살아 보겠다는 태도이기 때문입니다.

그런데 단 지파는 자기 기업이 좁다고 주님의 명령을 떠나 북쪽에 있는 레셈을 쳐서 취했습니다. 단의 인구가 20세 이상 남자만도 6만 4,400명이니 좁기는 좁았을 것입니다. 게다가 사사기를 보면 주변의 아모리 족속과 블레셋 원주민이 시시때때로 괴롭혔습니다. 그래서 자기들 마음대로 레셈을 취하고 마음대로 '단'이라고 칭했습니다. 유일하게 하나님께서 명하지 않은 땅을 치고, 명한 땅은 취하지 않은 지파가 단 지파입니다.

집은 좁고 살기는 힘들고, 거기에 무서운 남편과 시댁 식구들이 괴롭힌다면 우리는 안에서 적극적으로 살기보다 밖으로 나가고 싶어 합니다. 안에서 해야 할 일을 밖에서 한다고 찾아다닙니다. 전도를 한다고, 선교를 한다고 밖으로만 다니며 곳곳에 전리품을 쌓아 놓으려고 합니다. 하지만 밖이 아니고 하나님이 정해 주신 나의 기업 안에서 내 할 일을 해야 합니다. 가족 간의 좁은 틀 안에서 관계 때문에 갈등하고 충돌할 수밖에 없지만 그래도 밖이 아닌 안에서 해결책을 찾아야 합니다.

내가 밖에 나가서 열심히 전도하고 섬겨도 하나님은 속지 않으십니다. 하나님께서 기업으로 주신 내 영역이 있습니다. 먼저 그 영역 안에서 관계 전도를 하는 것이 하나님의 기업을 확장하는 방법입니다. 먼저 부부 관계, 그다음은 자녀와 부모, 형제, 직장의 상하 관계, 그 관계 안에서 하나님을 전해야 합니다. 공동체에서 관계 전도를 통해 교회가 세워지는 것이 건강한 교회가 갈 길입니다. 관계가 건강하지 않으면 건강한 교회로 성장하기 어렵습니다.

단 자손은 약속의 땅을 받아 놓고도 멋대로 지경을 확장했습니다. 그래서 땅이 넓어지면 좋은 것입니까? 실상을 알아야 합니다. 유다처럼 하나님이 인정하셔서 122성읍을 얻었는지, 단처럼 불순종함으로 성읍을 얻어 놓고 주의 일이라고 떠드는지를 분별해야 합니다. 결국 단 지파가 쳐서 취한 레셈 땅은 북이스라엘이 금송아지를 숭배하는 우상숭배의 중심지가 되었습니다. 그들이 얻은 레셈은 앗수르에 의해서 다른 곳보다 빨리 멸망했습니다. 결국 원래 주셨던 가나안 중앙의 땅도 잃어버리고 자기가 쳐서 취한 땅도 잃어버렸습니다.

직업이 없는 남편과 아이까지 데리고 친정에 들어온 언니는 결국 언니가 돈을 벌어서 식구들을 먹여 살리고 친정까지 거둬야 했습니다. 그렇게 2, 3년을 버텼지만 결국 이혼했습니다. 그때 생각에는 이혼할 이유가 백 가지도 넘으니 당연하게 생각하고 이혼했습니다.

그리고 다른 사람을 만났는데 이번에는 신랑감을 알아본다고 한 것이 졸업증명서와 학점이었습니다. 알아보니 미국 명문대를 최고의 성적으로 졸업한 초혼의 청년이었습니다. 천주교인이어서 잠시 망설였지만, 뿌리는 같은 믿음이라며 결혼했습니다. 그것이 당시 언니의 믿음의 분량이었습니다. 언니는 이혼 후 불같이 은혜를 받고 금식기도까지 했지만 불신 결혼이 어떤 것인지 전혀 알지 못했습니다.

　사실 우리 가족은 서로 말은 안 해도 이혼이 온 가족을 통틀어 처음이었기에 그것이 무엇을 의미하는지 잘 몰랐습니다. 그러나 시간이 지날수록 너무나 부끄러운 일이라는 것을 뼈저리게 느끼게 되었습니다. 그래서 언니가 멀리 안 보이는 미국에 가서 살 줄 알고 내심 잘 됐다고 생각했습니다. 그런데 정작 미국에서는 살지 않고 나중에 선교지로 가게 되었지만 주로 한국에서 살았습니다. 두 번째 결혼도 전혀 도피처가 되지 못했습니다. 명문대를 우수한 학점으로 졸업한 남편을 만났어도 여전히 언니가 먹여 살려야 했습니다.

　언니도 평신도 사역을 하다가 목사 안수를 받았는데 하나님께서 치유의 은사를 주셔서 미국에서는 시각장애인이 눈을 뜨는 역사도 있었습니다. 집사 시절 미국의 한 교회에서 잠시 설교를 맡아서 했는데 그런 은사로 323명의 교인이 새롭게 등록하는 놀라운 일도 있었습니다. 그리고 20여년 동안 더운 열대 지방에서 빈민가 선교를 했습니다. 학창 시절 화려하게 음악 활동을 하며 곱기만 하던 언니의 얼굴은 평소 화장도 하지 않아 원주민과 다름없이 검게 그을렸습니다.

그러나 언니가 사역을 하며 온몸을 불살라 구제하고 선교를 해도 그 남편은 오랫동안 예수님을 만나지 못했습니다. 남편의 구원을 위해 한 끼 금식이 아닌 온전한 금식을 40일 하다가 기억력 손상까지 왔는데도 그 남편이 변하지 않았습니다. 그 남편과 속 썩이는 아들 때문에 언니는 언제나 죄인의 모습으로 섬겼습니다.

언니가 치유와 사역의 열매를 나타내고 선교를 해서 지경이 확장된 것처럼 보여도, 지금에 와서 내리는 결론은 이혼을 안 했어야 한다는 것입니다. 결혼을 했다면 이혼하지 않는 것이 가장 최초의 중요한 선교입니다.

하나님이 이혼을 막으신다는 것을 우리 가족은 절실하게 경험했습니다. 언니의 이혼은 모든 식구의 아킬레스건이고, 열등감이었습니다. 당사자뿐 아니라 식구들에게까지 상처가 전염됐습니다. 남편도 제가 조금만 잘못하면 언니의 이혼을 물고 늘어졌습니다. 또 다른 언니의 남편도 마찬가지였습니다. 우리 자매들은 교회에 가도 죄인처럼 나서지도 못하고 늘 뒤에 숨어 있었습니다. 이처럼 언니의 이혼이 시마다 때마다 우리를 괴롭혔습니다.

언니가 이혼을 한 뒤에라도 평범한 남편을 만나고 평범한 믿음의 결혼생활을 했다면 시각장애인이 눈을 떴다고, 열대 지방 선교가 잘 되고 있다고, 하루에 600명이 영접했다고, 이혼하기를 백번 잘했다며 흐뭇해했을 것입니다. 언니의 수고 끝에 형부는 마침내 예수를 믿고 소천하셨지만, 그러기까지 언니가 얼마나 험악한 인생을 살았는지 모릅니다. 언니는 최고의 학력을 가지고 말년에 아픈 남편을 수발하느라 꼼짝도 못 했습니다. 물론 그렇다고 인생을 잘못 살았다는 것은 아닙니다. 하나님께서 합력해서 선을 이루셨습니다. 하지만 이처럼 이혼의 결과를 너무나 생생하게 경험했기에 저는 오늘도 피를 토하는 심정으로 이혼 불가를 외치고 있는 것입니다.

어떤 경우에도 하나님이 짝지어 주신 것을 사람이 나눌 수 없습니다. 하나님의 기업으로 허락하신 우리의 가정은 반드시 지켜져야 합니다. 온몸으로 구제를 하고 선교를 해도, 하나님이 원하시는 영적 지경은 가정이 우선입니다.

우리 가족의 아픔을 통해 다른 가족을 회복시키는 데 앞장서도록 하신 하나님을 찬양합니다. 제가 경험하지 않았다면 어떻게 이혼은 안 된다고 날마다 이렇게 확신 있게 말할 수 있겠습니까.

가정이 영원한 상급입니다

49 이스라엘 자손이 그들의 경계를 따라서 기업의 땅 나누기를 마치고 자기들 중에서 눈의 아들 여호수아에게 기업을 주었으니 50 곧 여호와의 명령대로 여호수아가 요구한 성읍 에브라임 산지 딤낫 세라를 주매 여호수아가 그 성읍을 건설하고 거기 거주하였더라
_수 19:49~50

열두 지파에 대한 기업 분배를 마치고 마지막으로 여호수아가 기업을 얻었습니다. 여호와의 명령을 따라서 스

스로 구했던 딤낫 세라가 여호수아의 기업이었습니다. 그 성읍을 자기 힘으로 건설하며 거기에 거했습니다.

여호수아가 구한 딤낫 세라는 좋은 땅, 번성한 땅이 아니고 자기 힘으로 건설해야 하는 땅이었습니다. 민족의 지도자로서 그동안 수고를 많이 했으니 좋은 땅을 바랄 수도 있을 텐데, 지도자의 특권을 포기하고 여호와의 명령대로 기업을 구했습니다. 평생 하나님의 뜻을 이루고, 그 뜻을 따라 살며, 주어진 분복(分福)을 누린 인생이었습니다.

우리 인생에 어떤 일도 억울한 것은 없습니다. 하나님의 일을 하기 위해서 부부가 잘 살아도 감사하지만 힘들게 살아도 감사한 일입니다. 끝이 안 보이는 고난 가운데서 기도하고 회개한 모든 것이 사명으로 연결되기 때문입니다. 다른 사람들을 살리기 때문입니다.

이미 이혼을 했다면 지금부터라도 하나님 말씀을 붙잡고 가면 됩니다. 복음은 차별이 없습니다. 하나님의 상급에는 차별이 없습니다. 이혼을 하고, 안 하고가 아니라 오늘 내게 허락하신 가정을 지키는 것이 하나님 나라의 일입니다. 하나님의 명령을 따르며 주어진 분복을 누리는 길입니다.

　가족은 사랑할 대상이기 이전에 책임을 다해야 할 대상입니다. 사는 동안 책임을 다하고 마지막에 돌아갈 곳이 나의 가족입니다. 충동적으로 도피하듯이 언니처럼, 또 돈이 좋아서 의사 남편과 불신 결혼을 했던 저처럼 누구나 잘못된 선택을 할 수 입습니다. 하지만 어머니가 보여 준 헌신이 있었기에 언니도 저도 딴 길로 가지 않고 각자의 사명을 찾았습니다. 어머니의 기도가 하나도 헛되지 않아서 자매들이 하나님 나라를 확장하는 일에 쓰임 받고 있습니다.

　이스라엘 열두 지파의 기업 분배에서 보듯이 모든 것의 기본은 가정입니다. 그렇기에 가정을 지켜야 합니다. 이혼으로 가정을 깨는 것은 하나님의 뜻이 아닙니다. 가정이 너무나 중요하기에 결혼하기 전에는 최선을 다해서 배우자를 골라야 합니다. 기도하고, 기도하고, 또 기도하고 골라야 합니다. 그리고 절대 불신 결혼을 하지 말아야 합니다.

　하지만 일단 불신 결혼이라도 결혼을 했다면 어떤 이유로도 이혼을 해서는 안 됩니다. 이혼은 영원한 올무가 될 수 있습니다. 끝없는 가족의 상처가 될 수 있습니다. 언니를 통해서 그런 뼈아픈 교훈을 얻었기에 오늘도 눈물로 여러분의 가정 회복을 위해 기도드립니다.

잘난 사람도, 못난 사람도 하나님이 제비 뽑아 주신 내 가족입니다. '가족대로' 분배해 주신 열두 지파의 기업은 하나님 나라의 영광과 안식을 상징합니다. 이 영광과 안식은 그들의 능력과 수고로 얻은 것이 아닙니다. 일찍이 아브라함에게 하신 언약을 이루시는 하나님의 은혜의 열매입니다.

그 열매를 나타내기 위해 내게 맡겨진 사역이 있습니다. 좁다고, 나를 괴롭힌다고, 힘든 환경이라고 억울해할 것 없습니다. 하나님 나라의 일을 완성하기 위해 내게 맡겨진 가정의 영역에서 순종해야 합니다. 가족이 축복의 통로입니다.

마지막으로 받은 기업 딤낫 세라를 고향으로 삼은 여호수아처럼, 나의 모든 사역은 가정에서 시작되며 가정에서 마무리되어야 합니다. 이것이 하나님 나라를 완성하고 영원한 상급과 영원한 복을 얻는 길입니다.

내 마음 들여다보기

Q. 신앙과 사회생활 등 모든 면에서 '가족대로'가 기준이 되고 있습니까? 내게 주신 가정 안에서 쓰임 받기보다 밖으로 나가 잘 살아 보려 하십니까?

....
....
....
....
....

Q. 하나님이 내게 허락하신 영적 지경은 어떤 환경입니까? 그 환경에서 하나님 나라를 완성하기 위해 순종하고 있습니까?

....
....
....
....
....
....

Q. 이혼은 영원한 올무이자 가족의 상처가 될 수 있습니다. 잘난 사람도, 못난 사람도 하나님이 제비 뽑아 주신 내 가족, 내 상급임을 믿으십니까? 가정의 상급을 지키는 것이 영원한 축복임을 믿으십니까?

결혼을 지켜야 하는 11가지 이유

초판 발행일 | 2009년 11월 20일
개정 2쇄 발행 | 2022년 12월 29일
지은이 | 김양재

발행인 | 김양재
편집인 | 김태훈
편집장 | 정지현
편집 | 김수연 진민지 김윤현
디자인 | 디브로
표지 일러스트 | 황중환

발행한 곳 | 큐티엠
주소 | 경기도 성남시 분당구 판교공원로2길 22, 4층 큐티엠 (우)13477
편집 문의 | 070-4635-5318　**구입 문의** | 031-707-8781
팩스 | 031-8016-3193
홈페이지 | www.qtm.or.kr　**이메일** | books@qtm.or.kr
인쇄 | ㈜정현씨앤피
총판 | ㈜사랑플러스 02-3489-4300

ISBN | 979-11-89927-63-9 03230

Copyright 2021. QTM. All rights reserved.

이 책은 저작권법에 따라 보호 받는 저작물이므로 무단 전재와 복제를 금합니다.
이 책에 실린 글과 그림, 사진의 모든 저작권은 큐티엠에 있으므로
큐티엠의 사전 서면 동의 없이 복제 내지 전송 등 어떤 형태로도 사용할 수 없습니다.

잘못된 책은 구입하신 곳에서 바꿔드리며, 책값은 뒤표지에 있습니다.

큐티엠(QTM, Quiet Time Movement)은 '날마다 큐티'하는 말씀묵상 운동을 통해
영혼을 구원하고, 가정을 중수하고, 교회를 새롭게 하는 일에 헌신합니다.

이 도서의 국립중앙도서관 출판예정도서목록(CIP)은
서지정보유통지원시스템 홈페이지(http://seoji.nl.go.kr)와
국가자료종합목록 구축시스템(http://kolis-net.nl.go.kr)에서
이용하실 수 있습니다. (CIP제어번호 : CIP2020051311)